羅馬帝國

The Roman Empire: A Very Short Introduction

U0118352

The Roman Empire: A Very Short Introduction

羅馬帝國

凱利（Christopher Kelly）著

黃洋 譯

OXFORD
UNIVERSITY PRESS

OXFORD
UNIVERSITY PRESS

Oxford University Press is a department of the University of Oxford.
It furthers the University's objective of excellence in research, scholarship,
and education by publishing worldwide. Oxford is a registered trade mark of
Oxford University Press in the UK and in certain other countries

Published in Hong Kong by
Oxford University Press (China) Limited
39 Floor One Kowloon, 1 Wang Yuen Street, Kowloon Bay,
Hong Kong

羅馬帝國

凱利 (Christopher Kelly) 著

黃洋 譯

ISBN: 978-019-083221-6

1 3 5 7 9 10 8 6 4 2

English text originally published as *The Roman Empire: A Very Short Introduction*
by Oxford University Press © Christopher Kelly 2006

目　錄

圖片鳴謝

The publisher and the author apologize for any errors or omissions in the above list. If contacted they will be pleased to rectify these at the earliest opportunity.

緒言

羅馬帝國是項令人驚歎的成就。在公元二世紀的鼎盛時期，它統治着大約6,000萬的人口，500萬平方公里的領土（大約是英國國土面積的20倍）。那時帝國從細雨滋潤的英格蘭北部哈德良長城一直延伸到敘利亞幼發拉底河乾涸的河岸；從蜿蜒於歐洲低地國家和黑海肥沃平原的萊茵河–多瑙河流域一直綿延至北非沿海富庶的平原和埃及尼羅河豐饒的河谷。羅馬帝國完全包圍了地中海。帝國的征服者把它看成是羅馬人的內海，沾沾自喜地稱其為「我們的大海」。

本書試圖探討這個超級帝國的一些重要方面。所採用的敘述方法完全是主題式的，之所以這麼做，不是因為作者討厭按時間先後順序敘述（見書末大事年表），而是因為現在已有很多有用的按年敘事的羅馬帝國史和帝王傳記。本書採用不同的方法探索同一領域。第一章審視征服的殘忍過程，帝國的建立以及羅馬人的帝國使命感。第二章討論帝國權力的展示，審視同時作為神明（在宣揚對皇帝的個人崇拜中）和凡人的皇帝（在蘇埃托尼烏斯和塔西佗的歷史著作中）。第三章變換視角，從地中海世界諸城中特權精英階層的

角度來理解帝國的運作。主要是這些富人——而非某個龐大的帝國行政管理系統——對帝國進行着有序的管理。

第四章討論公元二世紀一些由羅馬統治下的希臘人寫的、不為人熟知的文獻。這些文獻彌足珍貴，因為它們使我們得以認識被征服者在一個新的帝國裏是如何確立其身份認同，而這種對前現代帝國的認識是很少能夠被後人找回的。在羅馬帝國，有關現在的爭論常常表現在有關歷史的爭論中。歷史著述不是孤立、純學術性的活動；相反，它直接涉及政治和權力的語言。現在可能完全是羅馬人的，但過去究竟屬誰仍有待爭奪。

第五章轉而討論羅馬帝國最重要的外部人群的發展。從根本上說，基督徒身處社會邊緣的經歷決定了他們的形成，並塑造了他們的信仰。與此相反，第六章提供了一個內部人群的觀點，試圖確定某種關於在這個龐大的前工業化帝國的城市和農村裏生存和死亡的感受。

第七章，即最後一章，從下面三個現代視角回顧了羅馬帝國：從第一次世界大戰之前十年間大英帝國的視角；從墨索里尼的法西斯意大利的視角；從好萊塢的視角。這些視角非常重要，因為它們在很大程度上（有時令人吃驚）仍然決定着在21世紀初我們如何想像和評判羅馬帝國。毫無疑問，現在的優勢之一是能

夠有選擇地回顧過去。但同樣——就像這本通識讀本一樣——很重要的一點就是要意識到這種選擇性。

本書集中討論羅馬帝國最為繁榮的時期,大體上是從約公元前31年至公元192年的兩個世紀:從後來成為皇帝的奧古斯都在亞克興角戰役中戰勝安東尼和克婁巴特拉到康茂德皇帝被暗殺。(不過第一章回顧了布匿戰爭;第五章簡要展望了公元四世紀初,這是為了以第一位公開支持基督教的羅馬皇帝君士坦丁正式皈依基督教結束討論。)

本書各章主要關注的是羅馬在建立和維持一個唯一囊括了北歐、中東和北非的最大的世界性帝國方面所取得的成就。這個成功本身就需要豐富而複雜的解釋,只有這樣,才能夠逐步理解隨後羅馬統治衰弱、西部帝國最終分裂、淪為蠻族王國以及東部拜占庭逐漸興盛的原因。這些主題大大超越了本書的範圍。對於這場「可怕的革命」最好的描述仍是愛德華·吉本權威的《羅馬帝國衰亡史》(1776–1788年間出版於倫敦)。然而粗心的愛好者須知:吉本的著作一共六大卷,他從來沒有想要撰寫任何類似簡史的東西。

第一章
征服

擴張與生存

　　羅馬是個崇尚武力的國家，其龐大的帝國是從一系列激烈的戰爭中艱難贏得的。在公元前四世紀的時候，羅馬還是一座微不足道的小城；它通過和周邊諸族結盟，形成了一個複雜的關係網，從而確保了其生存。一系列的軍事勝利使羅馬人得以在台伯河谷建立領土，並將其勢力範圍擴張至南面的康巴尼亞(那不勒斯海灣周圍)。這是一個逐漸推進和穩步鞏固的緩慢過程。在公元前295年擊敗薩姆奈人(從而控制了意大利東部)以及挫敗希臘亞得里亞海沿岸伊庇魯斯王國統治者皮洛士的入侵後，羅馬取得了顯著的突破。公元前280年，皮洛士率軍在塔倫托姆(現今意大利半島「腳跟」的塔蘭托)登陸。儘管起初取得了一些勝利，但他未能迫使羅馬人投降。在西西里和意大利南部征戰五年之後，因為不願耗盡自己有限的資源和冒失敗的危險，他選擇了撤退。

　　到公元前三世紀中葉，意大利半島的大部分都處

於羅馬的控制之下。在之後的一個世紀裏，羅馬人及其盟友向北非的迦太基城——主宰地中海西部的強國——發起了挑戰。迦太基的海上貿易確保了其持續的繁榮和國際影響，其商船隊向東行至埃及和黎巴嫩，從事奢侈品貿易；向北可能遠達不列顛，以購買鋁；向南則活動於非洲沿海，以便運回象牙和黃金。和這樣一個頗具威脅的對手的三次長期衝突——稱為布匿戰爭——耗盡了羅馬的國力。第一次布匿戰爭（公元前264–前241年）的直接原因是對西西里的爭奪。迦太基在西西里的軍事力量不斷增強，羅馬人認為這是對其安全的直接威脅。不過，如果不能有效地抗衡迦太基的海上優勢，就不能進行真正的反擊。羅馬人在意大利半島的勝利是基於其陸軍的優勢，現在他們被迫組建一支常設海軍，匆忙地將士兵訓練成水手。據羅馬後來的傳說，他們的能工巧匠模仿一艘擱淺的敵艦，在60天裏趕造了100艘戰艦。最後這一險招取得了成功。在歷經了23年艱苦的戰爭後，羅馬人最終在公元前241年迫使迦太基人全部撤退。

來之不易的和平僅僅維持了20多年。在第二次布匿戰爭（公元前218–前201年）中，偉大的迦太基將軍漢尼拔發動了古代世界最為大膽和最具想像力的軍事行動。他率領50,000名士兵、9,000名騎兵和37頭大象從西班牙出發，經過法國南部，翻越阿爾卑斯山，進入意大利。最後只有不到一半的人馬在這段漫長的旅

程中倖存了下來。七個月後，在公元前217年5月的晨霧中，漢尼拔把羅馬將軍弗拉米尼烏斯和他率領的軍隊包圍在了翁布里亞的特拉西梅諾湖畔，一舉殲滅了15,000人。次年，在阿普里亞的坎尼，他幾乎全殲了羅馬軍隊。這是羅馬人所遭受的最為慘重的失敗，一場戰鬥就奪去了他們50,000名士兵的生命，這也是歐洲戰爭史上在一天之中死亡人數最多的戰鬥。和索姆河之戰[*]中的傷亡者不同，坎尼之戰中的羅馬士兵是倒在了短兵相接的近戰中。在血流成河的平原上，他們的屍體堆積如山。

漢尼拔佔領意大利長達15年。在費邊 · 馬克西姆斯——他被恰如其份地冠以「拖延者」的綽號——的指揮下，羅馬人及其盟友有意避免陣地戰。他們燒毀自己的莊稼，退守在加固的城池裏。在羅馬人的這種焦土政策下，漢尼拔的軍隊逐漸為饑餓所困，又受到羅馬小股部隊的侵擾，最後被迫放棄了遠征。羅馬人最終獲勝，但這卻是在坎尼之戰的十多年之後。只是到了公元前202年，被召回保衛迦太基的漢尼拔才被西庇阿 · 阿非里加努斯在扎馬（今突尼斯）之戰中擊敗。時隔60年之後，恢復了元氣的羅馬又摧毀了業已衰弱且士氣低落的迦太基。第三次布匿戰爭（公元前149–前146年）以這座城市的徹底毀滅而告終，其建築全部被

---

[*] 第一次世界大戰中的一次戰役，在1916年7月1日至11月8日進行，是歷史上最殘酷的戰役之一，雙方傷亡達幾十萬人。——譯注，下同

夷為平地，倖存的50,000名居民中的絕大部分淪為了奴隸。

在往西向西班牙和北非擴張的同時，羅馬在東方也發動了戰爭。到公元前146年，也就是迦太基和科林斯同時遭到毀滅的這一年，巴爾幹半島上的所有城市都已臣服於羅馬。在隨後的一個世紀裏，在經歷了一系列艱苦卓絕的戰爭之後，羅馬控制了小亞細亞。公元前一世紀60年代，常勝將軍龐培(Pompey)「大帝」兼併了敘利亞；公元前一世紀50年代，尤利烏斯‧愷撒征服了高盧(從法國南部的比利牛斯山脈到萊茵河)；公元前31年，他的養子屋大維擊敗了埃及的最後一位獨立君主克婁巴特拉七世。在希臘西北部亞克興角的海戰中取得的這次勝利帶來了最大的回報。埃及這個地中海世界最古老最富庶的王國，現在完全成了羅馬帝國的一部分。

在東方諸國以及在反對迦太基的戰爭中，羅馬傳統的共和政體尚能有效運轉。的確，由於一系列成功的軍事征服，公元前二世紀通常被看成是羅馬共和國的鼎盛時期。不過從某些方面來說，「共和國」是個具有誤導性的概念。至少對現代的讀者而言，它的問題在於暗示着有很大程度的民眾政治參與。(這在古代不成其為一個問題；拉丁文中的*res publica*最好可簡單譯成「國家事務」。)羅馬共和國是個不加掩飾的富豪政體，其公民群體按嚴格的財產資格仔細分等。這種

等級制度又決定了投票的權利。所有成年男性公民都享有投票權，但其集體投票制度確保了如果富人團結起來，就能超過窮人的票數。此外，競選和擔任官職的高額費用，也保證了羅馬政府中的重要職位都由富人把持。

在這一嚴格的寡頭政體中，兩位執政官是國家最有權力的官員，每年由選舉產生。只有擔任過司法長官職務（國家次重要的官員）且年齡在42歲以上者才能競選。在任職期間，執政官可能獲得重要的軍事指揮權，這一指揮權也可能按年限延長。在軍事指揮權終止後，前任執政官卸去其職權，回到元老院任職。元老院並不是直接選舉產生的機構，而是由所有曾經擔任過高級行政長官的人組成的諮議委員會。官職任期一年，有嚴格的年齡限制，且軍事指揮權有時間限制。這一模式在一定程度上保障了羅馬統治精英對權力的集體行使。在公元前三世紀後期到公元前二世紀，大約一半的執政官出自於10個貴族家庭。這不僅表明一個較小的世襲集團處於穩固的統治地位，而且也說明在這個核心集團之外有着相當的流動性。近世先輩不屬元老階層或其祖上從未進入過元老院的人也經常能進入元老院任職。

共和政體也專門對具有野心的個人施加了限制。尤其是，它防止政治和軍事權力長期集中在軍功顯赫的將軍手中。對偉大人物的真正考驗——至少對羅馬

道德家是如此 —— 不是他獲得高位的能力，而是他誠心放棄高位的意願。最初為在意大利立國，羅馬進行了一系列的戰爭，其中最重要的一次勝利是在昆克提烏斯·辛辛納圖斯的領導下取得的。(據記載)辛辛納圖斯極不情願離開他的農田、中斷他的耕作去組建軍隊。比他無意於高位更為著名的是他拒絕加強自己的指揮權。他放棄了繼續掌權的機會，回到自己的小田莊裏，重新過起了農耕生活。

儘管有這樣突出的榜樣，但一些吞併地中海世界最富庶地區的將軍們還是越來越不願放棄權力。對他們而言，辛辛納圖斯的故事對他們沒甚麼道德約束。最終，事實證明，共和政體對於個人行使權力的制約太過微弱，不足以抵擋帝國擴張的野心。在公元前一世紀，一個接一個在征服戰爭中獲勝的將軍們決心靠其軍功攬權。他們遠未到要求的最低年齡就擔任了執政官，迫使元老院讓他們繼續執掌軍權，並且依靠軍隊對他們個人的忠誠以及武力威脅不斷干預政治。當尤利烏斯·愷撒完成了他在高盧的軍事使命之後，他拒絕按照法律的要求放棄兵權。公元前49年1月，他率領一支經歷過八年戰爭考驗的老兵隊伍，渡過盧比孔河(這標誌着他管轄領土的南部邊界)，向羅馬進軍。很顯然，愷撒的權威是建立在軍事力量之上的。一些羅馬人準備反對這一政變，但同樣是以非法的方式。五年之後，在公元前44年3月15日，愷撒被刺殺。

與其把這個事件看成是布魯圖和卡修斯為了自由而做出的正義之舉(應該堅定地把莎士比亞的刻劃放到一邊。)，還不如把它看成是一個政治派別從其政敵手中奪取政治權力的殘忍手段。

這次刺殺引發了十多年的內戰。馬可‧安東尼(愷撒最親密的戰友之一)和屋大維(愷撒的養子)的聯盟擊敗了布魯圖和卡修斯。之後這一脆弱的盟友關係破裂了。安東尼向埃及求援，並尋求其統治者克婁巴特拉的支持。這是一個聰明的舉動，因為可以利用埃及的財富來資助同屋大維的戰爭；其最重要的城市、位於尼羅河三角洲的亞歷山大可以成為東羅馬帝國的新都城。這才是比較負責任的說法。把馬可‧安東尼說成是酒鬼、是因為對埃及豔后的情欲而變得無能的人，實際上是屋大維對安東尼的詆毀和攻擊。這類詆毀是勝利者的特權。公元前31年埃及水師在亞克興角的覆沒和次年安東尼的自殺，使屋大維鞏固了自己的地位，並且使政敵聲名狼藉。在新發明的「奧古斯都」(意為「神寵者」)的稱號下，屋大維對帝國財富與軍事資源的控制使他的家族成了地中海世界無可爭議的統治者。

公元前二世紀中葉開始的羅馬帝國的迅速擴張，正是100多年後王朝君主制建立的原因。然而，如果把這一變化看成是獨裁取代自由或是專制取代獨立的話，那就過於草率。從奧古斯都開始，在皇帝統治

下，羅馬政治就由一些特權家庭把持，它們一如既往地為爭奪帝國的勝利果實而展開競爭。發生變化的只是競爭的規則，以及皇帝的近臣力圖接納或排擠行省貴族的方式，後者因其財富而要求成為全帝國的新貴族。

從這個角度來看，屋大維蛻變為奧古斯都——從一個軍閥成功轉變為皇帝——與其說是羅馬政治本性的改變，不如說是權力在寡頭階級內部鬥爭中的艱難重組。羅馬真正的革命是在共和時期建立起一個帝國。在奧古斯都之後，新的擴張非常有限，這也許並不讓人感到意外。在不列顛、達契亞(大致相當於今天的羅馬尼亞)和美索不達米亞的征戰由皇帝親自指揮。其他軍事指揮權受到嚴格控制；潛在的競爭者，即使是皇親國戚，都要受到嚴密監視。這是在風險管理中吸取的慘痛教訓。像公元前一世紀殘酷的內戰顯明的那樣，征服地中海世界所帶來的巨大利益使得即使像辛辛納圖斯那樣的將領也難以棄權從耕。

震驚與恐懼

無論怎麼說，從一個小型的城邦擴張為超級帝國都是令人驚歎的轉變。羅馬人的帝國是通過遠勝於競爭對手的軍力而建立的，在擊敗漢尼拔之後尤其如此。公元前二世紀，為了組建一支大約13萬人的軍隊，羅馬人不僅十分依賴意大利的盟友，而且還徵召

了大約13%的成年男性公民走上戰場，其中主要是年輕人。為了維持這樣一支軍隊，60%的17歲青年都會被徵召入伍服七年之久。換言之，大半羅馬男性公民都須服兵役至25歲左右。這些數字非同尋常。在前工業時代的歐洲，只有普魯士腓特烈大帝和拿破崙的軍隊才動員了如此多的人力資源，並且持續的時間很短，遠不能和羅馬征服地中海世界所用的兩個世紀（從布匿戰爭到亞克興角戰役）相比。不妨作一個粗略的數量級比較：現在美國如果要像羅馬那樣在軍事上投入人力，它就需要維持一支近1,300萬人的常備軍，這會是其現役軍隊人數的10倍以上。

這個龐大的軍事組織實現了良性運轉。通過嚴明的紀律、精良的武器和豐富的作戰經驗，羅馬軍隊利用其規模優勢不斷打勝仗。勝利帶來了大量的戰利品。反過來，從敵人那裏劫掠的財富，加之行省上繳的稅收，又負擔了持續征服所需的高額費用。羅馬在地中海東部的戰爭中所獲取的財富成了傳奇故事。在50年（公元前200–前150年）的時間裏，它攫取了價值超過30噸黃金的財富。之後羅馬統治在小亞細亞的鞏固和對敘利亞的兼併，意味着這個數目可能被超過。15年之後，尤利烏斯·愷撒從高盧搜刮而來的大量黃金致使金價大幅下跌。

帝國的勝利果實在羅馬城中受到了最為熱烈的稱頌。城市中心擠滿了炫耀羅馬擴張其統治的紀念性建

築：宏偉的凱旋門、令人難忘的雕像、用戰利品裝飾得光彩奪目的神廟。羅馬歷史學家在其冗長的歷史著作中塞滿了似乎沒完沒了的有關征服與戰爭的敘述。公元前二世紀，所有謀求擔任官職的人都須服至少十年的兵役。作為執政官或前任執政官，高級軍事將領同時也是成功的政治家。民眾景仰的英雄都是那些能克敵制勝的偉大將軍，例如費邊‧馬克西姆斯這位戰勝漢尼拔的「拖延者」、西庇阿‧埃米利安努斯這位打敗迦太基的「非洲勝利者」、龐培（Pompey）這位將羅馬帝國的版圖向東擴張到幼發拉底河的「大帝」，還有征服高盧的尤利烏斯‧愷撒。

一個羅馬人政治生涯的頂峰就是在首都的街道上為其舉行的凱旋式，這是一名軍事指揮官唯一可以合法率軍進入羅馬城的時候。公元71年6月，皇帝維斯帕西亞努斯與其子提圖斯慶祝了他們對猶太人反叛的殘酷鎮壓。之前，在公元70年夏末，提圖斯圍困並攻佔了耶路撒冷，希律王建造的宏偉聖殿被摧毀，其內殿聖所——至聖所——被劫掠。聖器、黃金祭台、精美的七枝燭臺、銀制喇叭以及律法書卷被帶回羅馬，在凱旋式上展示。十年之後，即公元81年，通過在通往市政廣場的東部入口處建造獻給提圖斯（他在當年早些時候去世）的凱旋門，這一歡慶征服猶太民族的歷史瞬間得到了永恆的紀念。這個凱旋門是帝國統治的恒久象徵，上面的雕像則讓人們永遠不要忘記那些反叛

羅馬統治者的下場。所有經過這裏的人都會想起這次勝利，在這一瞬間他們也身處於一個征服性帝國的最核心：一側是耶路撒冷聖殿裏的寶藏，另一側則是提圖斯本人，他乘着戰車，周圍是擁戴他的士兵和護衛他的「榮譽」、「勇氣」和「勝利」的化身。

　　凱旋式上的華麗展示還講述了戰鬥的情形。在高達15米的巨大移動舞臺上，戰爭及其殘忍被淋漓盡致地表現出來。這些畫幅以象牙和黃金鑲邊，使那些來度假的人倍感欽服，並得以再次體會到征服的刺激和知道羅馬一定能克敵制勝後的安全感。當時的猶太歷史學家弗拉維烏斯·約瑟夫斯向我們描繪了這一情景（可能是親歷），也許此時他克制了通常表現出來的對羅馬明顯的支持：

> 在這裏可以看到曾經繁榮的鄉村被摧毀，整支敵軍遭屠殺，人們四處逃竄，另一些被俘獲……戰壕裏還擠滿守衛者的城池被完全征服了，一支軍隊潮水般湧進城門，整個地方血流成河，那些不能抵抗的人舉手乞降，神廟被燒毀，房屋被夷為平地，而主人尚未逃出。在徹底的破壞和苦難之後，河流不再為人畜提供飲水，它流經的不是開墾的農田，而是四處仍燃燒着大火的鄉村。

　　維斯帕西亞努斯和提圖斯的凱旋式儘管宏大，所

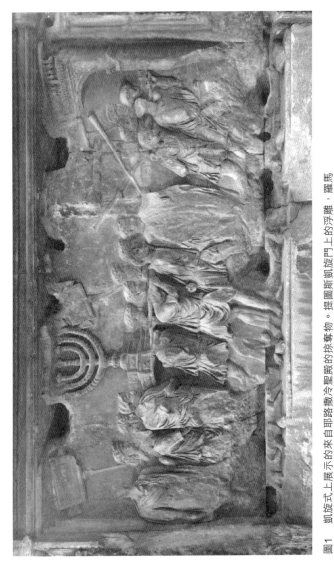

圖1 凱旋式上展示的來自耶路撒冷聖殿的掠奪物。提圖斯凱旋門上的浮雕，羅馬

慶祝的只是對反叛的鎮壓，而非對新領土的兼併。更為奢華的是公元前一世紀那些最偉大的羅馬將領們展示其掠奪物的場景。在公元前46年9月長達12天的歡慶活動中，尤利烏斯·愷撒慶祝了他在高盧、非洲、埃及和本都（位於黑海南岸）的勝利。這是最為宏大的凱旋式之一，每天都有令人驚歎的新鮮事：今天展示的是俘虜（一些獲釋、一些被處死），明天又是異國的動物（這次羅馬人第一次看見了長頸鹿）；今天在特別開挖的人工湖裏表演一次海戰，明天又在馬克西姆斯競技場讓俘虜們上演大規模的陣地戰，一次就有多達40頭的大象參戰。絲織的涼篷（這是愷撒的又一奢華發明）高高掛在觀眾的上方，為他們遮擋陽光。看到成千上萬的俘虜被殺，他們則歡呼雀躍。在這些凱旋式上，殺戮的戰場在帝國都城的中心得以再現。興高采烈的觀眾為軍隊的成就和那些反對羅馬者的滅亡而歡欣不已。在最後一次凱旋式上，有一系列描繪愷撒征服本都的彩繪場面，中間還夾帶了一個標語牌，上面簡簡單單地寫着一句話：「我來了，我看見了，我征服了」。這個口號再次簡練地提醒人們羅馬的軍事優勢，不過它經常被錯誤地和愷撒在不列顛短暫而失敗的征戰聯繫在一起。

人們很容易被這種對征服的炫耀所感染，很容易忘記每次凱旋式（70%以上是在公元前252年–公元前53年間舉行的）也意味着大量兵士和平民被成批地俘虜和

屠殺。暫時停下來反省一下羅馬在建立其帝國的過程中帶來的恐怖和冷酷無情的破壞是十分重要的。尤利烏斯‧愷撒的軍隊在高盧屠殺了100萬敵方戰鬥人員，又使另100萬人淪為奴隸。即使愷撒在自我標榜的敘述中對於其軍隊的殘忍有所誇張，但僅就對人口和經濟破壞的程度來説，在西班牙人入侵美洲之前都無出其右者。

和最初征服同樣殘酷的是隨後對叛亂的武力鎮壓。公元60年，不列顛東南部的居民伊克尼人發動叛亂，或者更確切地説，是試圖重獲獨立。卡姆羅都努姆、維路拉米烏姆和隆迪尼烏姆(今科爾切斯特、聖阿本斯和倫敦)被攻佔，羅馬人的反攻迅速重新控制了這些地區。成千上萬的不列顛人被殺，而羅馬軍隊只損失了400人。在早期的一次種族清洗中，羅馬軍隊連續不斷地打擊伊克尼人，直至所有抵抗全被消滅。伊克尼人的領袖之一布狄卡兵敗自殺。她試圖驅逐羅馬人的努力以痛苦和代價巨大的失敗而告終。

羅馬軍隊入侵並平定敵人領土的強大力量，突出地反映在30米高的圖拉真記功柱上。這是在公元113年落成的，以紀念在此前的十年裏圖拉真皇帝在達契亞的兩次征服。這根白色大理石的記功柱仍然聳立在羅馬市中心，柱身飾以長條帶狀的淺浮雕(像是巨型的卡通連環畫)，呈螺旋形繞柱24圈。上面總共刻劃了2,500個人物，組成154幅可以明確分開的場景。這些

形象並非直接描繪圖拉真的征服，而是向觀看者提供了更為理想化的有關帝國擴張的敘述。在這裏羅馬軍隊保持着良好的行進秩序：充滿活力且紀律嚴明的軍團士兵修建營地、堡壘、道路和橋樑，圍困和攻佔敵人的堡壘，並在戰鬥中無往不勝。在這個圖像的世界裏，羅馬人從不傷亡，只有敵人被消滅。在這裏，皇帝御駕親征也總能確保戰爭的勝利。浮雕表現圖拉真率領軍隊投入戰鬥，接見使節，和高級官僚議事，向士兵發表講話，並主持祭祀以確保神明的支持。

圖拉真記功柱同樣客觀地記錄了戰爭的暴行。被打敗的達契亞人跪地求饒。其中一些被俘，另一些則受拷打。村莊被焚毀，手無寸鐵的居民和他們的家畜均遭屠殺。渴望獲得戰利品的羅馬士兵紛紛向皇帝和他的幕僚展示割下的敵人頭顱。

征服戰爭結束後，當地居民和他們的牲畜被強行驅逐，他們的土地現在歸羅馬定居者所有。這些征服場面的背景無疑是在達契亞，但它們所描繪的主題卻是普遍的：羅馬霸權勢不可當，抵抗徒勞無益，暴力總是伴隨着新的領土征服。正如圖拉真記功柱公開而驕傲地宣告的那樣，對於那些膽敢企圖反對羅馬推行其統治的人，這些就是他們悲慘的下場。

然而還是有些反叛者準備殊死一搏。對於那些歌頌英勇無畏但卻徒勞無功地試圖阻止帝國擴張步伐的人來說，沒有甚麼比猶太人反抗到底的故事更激動人

圖2　軍士向圖拉真皇帝及其幕僚展示割下的敵人頭顱。圖拉真記功柱上的浮雕，羅馬

心的了(直到公元74年春，在耶路撒冷被佔領將近4年之後，反抗才最終被鎮壓)。其中最為堅定的猶太派別之一被稱為「斯卡利人」，意即「短刀人」。這個城市殺手隊的成員將刀劍藏在衣袍之下，混在擠滿耶路撒冷城的朝聖者中間，暗殺那些他們斥之為通敵者的

猶太達官貴人。公元66年夏，在起義爆發後，「斯卡利人」從羅馬守備部隊手中奪取了馬薩達。它是猶地亞地區最難攻破的堡壘之一，建築在死海西面一個四面陡峭的狹長高地上。站在這個高地上，四周因有鹽層覆蓋而閃着微光的平原一覽無遺。在這裏「斯卡利人」堅持抵抗，直到提圖斯攻陷耶路撒冷，甚至延續到他登上羅馬皇位之後。

面對被圍困在馬薩達的967名男女老幼，負責在這個被征服行省肅清殘敵的羅馬將軍弗拉維烏斯·西爾瓦動用了一個軍團，外加一支後備軍隊(總計8,000至9,000人)，攻打了將近一年的時間。為此而用石頭建成的兵營(羅馬世界保留下來最完整的兵營之一)和環繞着高地地基的4公里圍牆至今在平原上仍可見其輪廓。但和羅馬軍團修建的圍城坡道相比，兵營和高地圍牆都顯得相形見絀。這個坡道長205米，以1比3的傾斜度爬高達70米。其頂部是一個23米寬的石頭平臺，用於架設攻城槌。

單單這些數字就已令人吃驚，但猶太起義者日益增長的恐怖感要切實得多。他們日復一日地看着這些用於圍攻堡壘的工事不可阻擋地建造起來。就像凱旋式奢華的花費炫耀了羅馬的統治權一樣，馬薩達的圍攻同樣展現了帝國的強大，它可以集中大量的資源，用於對付哪怕是近千個敢於反對它的起義者。就像遠在羅馬的提圖斯凱旋門，這個至今仍然緊挨着馬薩達

西面懸崖的巨大坡道是一個永恆的警示，告訴人們反叛羅馬是不可能得逞的。

面對必將來臨的死亡，「斯卡利人」選擇了自殺。除了七人之外，其餘的人全部自殺。兩名婦女和五個孩子藏在了從地下水塘向堡壘供水的飲水渠裏。正是這些倖存者講述了猶太起義餘部的最後時刻及其首領以利亞撒的戰鬥口號：

> 來吧！在我們的雙手自由、尚能提劍之時，讓它們高貴地為我們盡職吧。讓我們不被敵人奴役即死去，作為自由人和我們的妻兒一道放棄此生吧……讓我們奮進，不讓羅馬人有俘獲我們時的躊躇滿志，讓他們驚懼於我們的死、敬畏於我們的勇氣吧。

帝國的使命

有關帝國征服帶來的毀滅性後果的生動敘述極為少見。羅馬人自己在解釋其擴張及其後所採取的控制被征服行省的政策時，很少認識到自己是侵略者。相反，他們認為，戰爭是為了使那些他們斷定對羅馬領土完整構成威脅的敵人屈服。帝國的建立是保障本土安全的溫和而合理政策的意外後果。公元前一世紀最著名的演說家西塞羅簡潔明瞭地說明了這一點：「發動戰爭的唯一理由是為了我們羅馬人能夠生活在和平之中。」

圖3　馬薩達，沿西面峭壁上建築的圍城坡道

詩人維吉爾以恢弘的筆法詳述了這個主題，其創作的時間是在亞克興角戰役和屋大維／奧古斯都獲勝之後的十年裏。他的《埃涅阿斯紀》是最偉大的英雄史詩之一，記敘了特洛伊王子埃涅阿斯的命運。希臘人採納了尤利西斯的妙計，狡猾地把自己掩藏在木馬肚子裏，從而攻破了特洛伊，但埃涅阿斯逃脫了希臘人對他家鄉的洗劫。維吉爾的《埃涅阿斯紀》從荷馬的《伊利亞特》結束處起筆。埃涅阿斯背負着年邁的父親安基瑟斯逃離特洛伊，年幼的兒子阿斯卡尼俄斯拼命地緊跟在後。這個宏大的敘述便從此處開始。埃涅阿斯向西而行，穿越地中海西部，先是到了迦太基，最終到達意大利。在這裏特洛伊人攻打當地的餘提利亞人，後者抵抗他們侵佔其領土的企圖，但餘提利亞人註定會失敗。他們的國王圖耳努斯在一對一的決鬥中倒在了埃涅阿斯的劍下。在眾神之王朱庇特的庇護下，埃涅阿斯的神聖使命就是繁衍一個註定要統治地中海世界的民族。

維吉爾的《埃涅阿斯紀》簡要地敘述了羅馬的歷史。埃涅阿斯尋找新家園的探求預示了羅馬要建立帝國的使命。在其征程的開頭，埃涅阿斯被風暴吹離航線，在迦太基找到了安身之所。他必須經受的最艱難的考驗之一，就是擺脫這個城市的驕奢淫逸和它的嫵媚女王狄多的誘惑，而他險些沒能經受住誘惑。埃涅阿斯個人的「布匿戰爭」和羅馬後來的布匿戰爭一樣

艱難和慘烈。狄多愛的力量絲毫不遜於後來漢尼拔的武力。在伴隨着電閃雷鳴的一夜春宵之後，朱庇特的使者墨丘利便來提醒埃涅阿斯他的命運。在神明激發的狂熱心情驅使下，埃涅阿斯命令特洛伊人起航。遭到拋棄而幾近瘋狂的狄多聞訊自殺，她的自我毀滅預示了第三次布匿戰爭結束時整個迦太基的自我毀滅。

逃離迦太基後，埃涅阿斯首先在西西里登陸，並在此安葬了他的父親安基瑟斯。然後他前往那不勒斯附近的庫邁。在阿波羅神古老的預言者西比爾的洞穴裏，他向她請教未來之事。在此他接受神命，下到陰間去瞭解他的命運及其忠誠追隨者的未來。在父親陰魂的指引下，他看見了許多尚未出生的羅馬英雄以及羅馬帝國歷史的輝煌展示 —— 從羅馬城的建立到征服意大利，布匿戰爭，兼併地中海東部，直至龐培、尤利烏斯·愷撒和奧古斯都。在這個幻象中羅馬的命運被揭示了出來，就如同安基瑟斯所預言的那樣：

其他民族會更柔軟地用青銅塑造
活生生的人物，我毫不懷疑，
會用大理石雕塑更栩栩如生的形象；
會更為雄辯地爭論，用指針
準確追蹤天空的軌道
並精確地預報星辰升起。
羅馬人，記住用力量去統治
大地上的人們 —— 你們的藝術就是：

征服，實行法治，
寬恕被征服者，消滅驕傲者。

　　我們在閱讀其他民族的史詩時，通常都帶着一絲嘲諷的微笑。在21世紀的今天，許多讀者在對歐洲殖民主義這一可疑的遺產進行反思，可能不願贊許維吉爾的詩性宣言，稱羅馬的帝國使命就是教化那些沒有法度的次等種族。即使如此，也不能不假思索地把《埃涅阿斯紀》簡單看成是在粉飾太平、是在為一個暴虐的政權辯護。實際上它有關戰爭與和平的評論要比這種看法微妙複雜得多。我們有可能深深地同情臨死時的狄多。她先為埃涅阿斯所愛，後又被他拋棄。在單獨的決鬥中，埃涅阿斯在猶豫之後才殘忍地殺死被擊敗的餘提利亞國王圖耳努斯。就算埃涅阿斯是在神助之下為其追隨者和後代在意大利尋找安身立命之所，誅殺圖耳努斯有極其正當的理由，但這仍然是野蠻的行為，是在狂怒和復仇的殺戮欲驅使下進行的。即使如此，就像大張旗鼓地慶祝將軍得勝的凱旋式，《埃涅阿斯紀》的目的也並不是要給戰敗者以同等的關注。它雖然沒有公開表達為羅馬屠殺敵人而感到的自豪之情(也許反映了飽受三個世紀的征服和一次長期內戰之苦後羅馬社會在奧古斯都統治時期的心態)，但它明顯是以肯定的口吻來描述羅馬帝國的成就，其目的就是堅決駁斥那些更為負面的評價。

與此相反，當時的歷史學家科爾內琉斯·塔西佗在記敘公元83年不列顛反叛的最終失敗時，讓其領導人卡爾伽庫斯發表了一次精彩的講話。他在這篇講話中(在面對強大的軍隊而不可避免地失敗之前)對羅馬的帝國式統治進行了激烈的批判。羅馬作家如此設想對帝國的反對並不多見，它表明，即使在勝利者中間，也並非所有人都心安理得地贊同征服必然帶來的毀滅和屠殺，這一點難能可貴。在看到《埃涅阿斯紀》對羅馬帝國主義的虔誠辯護之外，我們還應當看到卡爾伽庫斯的嚴厲譴責：

> 他們是世界的掠奪者，不分青紅皂白的蹂躪耗盡了大地，把魔爪伸向大海。如果敵人富有，他們就貪婪；如果敵人貧窮，他們就傲慢；無論東方還是西方都滿足不了他們……掠奪、屠殺、攫取，他們錯誤地把這稱之為「帝國」。他們留下一片荒涼，卻說這是「和平」。

就像以利亞撒在馬薩達高地上不屈的反抗一樣，一些人可能會欽佩卡爾伽庫斯的講話，把它看成是一個自由戰士鼓舞人心的情感表露，他寧願英勇就義，也不願放棄自己的獨立。不過對大多數人來說，他的講話僅僅是一個反叛恐怖分子危險而具有誤導性的宣傳，他愚昧地企圖阻止有神明保佑的羅馬統治的前進步伐。

第二章
帝國權力

權力的展示

　　遊覽以弗所這座偉大城市(位於土耳其境內的愛琴海岸)的人也許會被那些急於要看一支浩浩蕩蕩的遊行隊伍的人粗魯地推開，或是為他們讓道。這支遊行隊伍由至少250名祭司、年輕人和手捧31尊金銀小雕像的市政官員組成。這個遊行式開始於公元104年，是在以弗所最富有的人之一卡約·維比烏斯·撒路塔里斯慷慨捐贈了土地、錢款和金銀之後才得以舉辦。在城市露天劇場南面入口處顯耀位置展示的長篇碑文，氣勢恢弘地紀念了他的慷慨之舉。這篇碑文是羅馬帝國留存下來的最長的碑文之一，共計568行，分成六欄，刻寫在差不多16平方米的大理石上。它記錄了撒路塔里斯的種種善舉，以及他的同胞接受捐贈的感激之情。即使路人不能閱讀碑文的細部，但他們還是贊同以如此宏偉的公共建築來紀念撒路塔里斯的慷慨行為。

　　通過對遊行式細心的規劃，撒路塔里斯向參與者和觀看者簡要地介紹了以弗所的歷史。遊行隊伍從城

外阿耳忒彌斯神廟出發。這座神廟是世界七大奇跡之一，也是地中海東部最為富有的聖地之一。以弗所以阿耳忒彌斯崇拜而著稱。傳說這位宙斯和勒托所生的女神出生於城外一片神聖的小樹林。在這兒她的母親為她找到了庇護所，可以不受宙斯之妻赫拉的猜忌。九尊阿耳忒彌斯的神像、八尊銀像和一尊金像穿插在遊行隊伍中間。這提醒人們，即使在公元二世紀，以弗所被羅馬帝國統治許久之後，它仍然珍視和傳統希臘神明的密切聯繫。

這座城市的悠久歷史也得到展示。根據一個古老的傳說，早在距撒路塔里斯施行善舉1,100年之前，以弗所就由英雄安德羅克洛斯建成。據說一頭野豬掀翻了一隻正在炸魚的油鍋，引燃了草地，從隱蔽處逃了出來。安德羅克洛斯殺死了這頭野豬，從而實現了阿波羅的神諭：即定居者應在「一條魚和一頭野豬指引的地方」建城。公元前三世紀初，亞歷山大大帝的親密同伴之一利西馬科斯重建了以弗所。他將城市遷到了現今的位置，使它面朝一個可通航的港口，並由一道巨大的環形城牆護衛着。在撒路塔里斯的善舉裏，以弗所歷史上的這些重要時刻都得到了紀念。遊行隊伍捧着的雕像包括這座城市兩位建立者和砒翁山的銀像。砒翁山聳立在利西馬科斯建立的新城的商業區背後，護衛着這座新城，而安德羅克洛斯就曾在這座山的山坡上獵殺過野豬。

遊行隊伍從阿耳忒彌斯神廟出發，經過城中的主要街道，最後再回到神廟，總共耗時約90分鐘。通過250名慶祝者和31尊塑像，這支遊行隊伍展現了以弗所社會的運作模式、城市和神明的聯繫及其遠在羅馬征服之前的建城經過(以及重建情況)。同樣重要的是，這一精心排練的活人造型表演還巧妙地融入了最近發生的事件。在象徵以弗所市政議事會的雕像之前是象徵羅馬元老院的雕像，之後(隔着阿耳忒彌斯的另一尊雕像)是代表羅馬人民的雕像。最為重要的是，整個遊行隊伍的前面是在位的圖拉真皇帝和普洛蒂娜皇后的銀質雕像。在一長串的遊行隊列中，這些象徵羅馬統治的光輝形象和以弗所的建城者及其保護神阿耳忒彌斯直接聯繫在了一起。

通過把在世的皇帝當作神明一樣來崇拜，以弗所人不僅認可了帝國權力的至高無上，而且試圖理解它，把它和更為地方性的事務關聯起來。當這堂流動的歷史課以緩慢而莊重的節奏穿過紀念性的城市景觀時，它使人們完整地理解了以弗所在羅馬帝國的地位。在城市新建區域的上廣場上，人們捧着圖拉真和阿耳忒彌斯的雕像路經供奉尤利烏斯·愷撒和奧古斯都的神廟；還經過了一尊巨大雕像(四倍於真人大小)，它位於一個公元一世紀後期的神廟裏，獻給「神寵的諸皇帝」。特別是在這裏，遊行的隊列表明，無論圖拉真離這兒多麼遙遠，他還是像之前的統

治者一樣，像阿爾忒彌斯女神本身一樣，特別關心這座城市。作為皇帝，圖拉真只駕臨過以弗所一次（113年晚秋前往安條克和東部邊境時在此短暫停留），但這裏的公民信心滿懷地宣稱，圖拉真皇帝對他們關愛有加。正如撒路塔里斯的規定所要求的那樣，他們每隔兩周就舉着圖拉真閃閃發光的銀質雕像，遊行在城市的街道上，以此來確認他們自己在這個龐大帝國中的重要性。

就在二三十年前，阿弗羅狄西亞城（在以弗所往內陸延伸約130公里處）兩個最富有的家庭宣告了他們自己的重要性及其城市和羅馬的特殊關係。他們共同出資修建了兩座宏偉的白色大理石柱廊，獻給阿芙洛狄忒（該城即以她的名字命名）和「神寵的神明－皇帝」。柱廊有三層樓高，在一條大理石鋪就的90米長道兩旁相對而立。道路的一端聳立着一個巨大的門樓，另一端是用於帝國崇拜的宏偉神廟。柱廊的柱子將上面兩層劃分成大體呈正方形的格子，共計190個，每個都飾以有花紋的雕塑。北面柱廊的第二層飾以奧古斯都時期被征服諸民族的擬人化形象。與此直接相對，南面柱廊的雕塑則描繪了希臘神話中的場景。在最上層，描繪羅馬諸皇帝的浮雕和描繪奧林匹斯諸神的浮雕並排在一起。在此，有限的歷史時間和永恆的時間融為一體。在另一組浮雕中，一個帶翼勝利女神像居中，一邊是慶祝公元43年克勞狄入侵不列

顛的浮雕，另一邊則是慶祝公元54年尼祿即位之初在亞美尼亞獲得短暫軍事勝利的浮雕。如同奧林匹斯諸神一樣，這些羅馬皇帝也用英雄式的男性裸體雕像來呈現。一尊精心雕刻的奧古斯都像——其披風在身後飄然張開——正在接受象徵大地和大海的形象的致敬。另一尊健壯的克勞狄像以勝利者的姿態踩在被擊敗的不列顛尼婭身上，抓住她的頭髮，把她的腦袋往後拉扯，準備給她致命一擊。

這些場景意義深刻。它們在慶祝羅馬勝利的同時，同樣力圖將它理解成是由傳統神話與遠古神明確立的宇宙秩序的一部分。通過把羅馬皇帝看成神明一般，不受時間和距離的限制，行省居民便能理解他們自己的屈從地位。他們自己作為異族人的歷史便能和十分羅馬化的現實緊密地聯繫在一起。在阿弗羅狄西亞，甚至征服擴張——帝國最為殘酷的一面——也被納入了在希臘世界長期存在的宗教體系裏。通過一系列形象淡化了它殘酷的一面，強調了希臘神話和羅馬歷史的聯繫、阿弗羅狄西亞和羅馬的聯繫以及奧林匹斯諸神和赤身裸體的羅馬皇帝的聯繫。這些雕塑的觀賞者能夠以羅馬進一步的征服擴張為榮。在這一帝國世界觀中，阿弗羅狄西亞不同於不列顛尼婭，永遠不會匍匐在羅馬皇帝的腳下。

這一基本的模式不斷被重複。米提林(位於愛琴海東北部的勒斯波斯島上)的公民通過了一項法令，設

立四年一度的運動會，以紀念奧古斯都，並在他的誕辰舉行祭祀。這兩項活動都以業已存在的宙斯崇拜為模式。法令條文連同下達給前去拜謁羅馬皇帝的使者的指令被刻成了氣勢磅礴的銘文。指令要求這些使者在稟告奧古斯都時，應該強調說米提林人已認識到，對於那些「獲得超凡榮譽並具有神明的卓越及力量」的人來說，他們的提議微不足道；但他們也要奏明，如果能夠想出任何其他的方式來表達對皇帝的敬意，他們也會立即付諸行動，因為「全城的人都會用所有的熱情與虔誠來做任何使皇帝能更像神明的事情」。

在地中海遙遠的另一方，高盧的一些地方貴族刻寫銘文，紀念一些奇奇怪怪的、包含了多種文化傳統的神明，諸如尼毛蘇斯・奧古斯都、博馬那・奧古斯塔、馬耳斯・盧克提烏斯・奧古斯都、奧古斯都・阿努阿魯斯和科美都阿・奧古斯塔女神。就像阿耳忒彌斯和圖拉真同時出現在以弗所的撒路塔里斯遊行中或是米提林將宙斯和奧古斯都聯繫起來一樣，這種明確將傳統神明和羅馬皇帝結合起來的做法，也證明了傳統信仰體系的活力，它能夠找到新的方式來理解羅馬征服的本質，並作出創造性的回應。這種「宗教雙語主義」的形式有助於把帝國和地方上的事務結合起來考慮。

如同在全帝國範圍內一樣，在高盧人們也經常通過皇帝崇拜來爭奪社會榮譽。在公元二世紀70年代後

圖4 克勞狄擊敗不列顛尼婭。用於皇帝崇拜的神廟建築上的浮雕，阿弗羅狄西亞

期，皇帝馬可·奧勒利烏斯和康茂德出面干預，以避免盧格杜努姆(今法國南部里昂，高盧地區皇帝崇拜的中心)在祭司職位上的花費因其任職者的競相攀比而進一步增加。因為每個祭司都試圖通過舉辦更為奢華的角鬥比賽來超過前任。羅馬元老院頒行法令，限定角鬥士的最高價格及其訓練師收取的費用。為了慶祝皇帝神性而進行壯觀的公共展示的欲望不得不和防止帝國祭司開銷過大的要求平衡起來。重要的是，對所有相關方而言，這個在該行省最具聲望的職位之一，應該被高盧精英集團中最富有成員看重。

在羅馬城，帝國崇拜的焦點無疑是過世皇帝的神性。在市政廣場周圍，他們宏偉的神廟和紀念建築矗立在帝國的政治宗教中心。最早的神廟敬獻給神化了的尤利烏斯·愷撒，它是由愷撒的支持者在公元前42年(即他被刺殺兩年之後)建造的。愷撒的神性由一顆彗星的出現而得到確認，因為這象徵着一位新神升入了天國。對於愷撒的養子屋大維而言，這為他將自己描繪成「神子」找到了理由。在隨後的內戰中，這個令人吃驚的稱號凸顯了神明對他的護佑，也為他的勝利提供了一種解釋。在被擊敗的馬可·安東尼看來，屋大維是個「靠名頭獲得一切的小子」。奧古斯都本人的神性則由一隻雄鷹從其火葬柴堆中飛出而得到證明，此鷹是眾神之王朱庇特的聖鳥。有時候這類令人稱奇的升天時刻(在盡量真實再現的情況下)需要更為

細緻的想像。在公元161年後不久建造的一根記功柱的底座上雕刻了一幅浮雕，用於紀念剛去世的皇帝安東尼·庇護。它表現的是一位展開巨大雙翼的青年背負着皇帝和皇后福斯蒂娜（20年前就已去世）飛向天國。由兩隻雄鷹護衛兩側，皇帝和皇后兩人在象徵羅馬城的人物上面高高升起。有時候現代的觀賞者盯着這類形象，完全覺得難以置信。對很多人來說，很難理解一個不承認在人性和神性之間存在着不可逾越的界限的宗教體系。在古代世界，人與神並不是明確對立的兩極。重要的不是個體的本性究竟是人還是神，而是他或她在這個人神之間的模糊領域內所處的位置。也有可能很難想像存在一個沒有明確區分宗教和政治的社會。然而在羅馬帝國，圍繞皇帝崇拜的宗教儀式的重要性並不亞於統治的「正事兒」（諸如行政、司法、稅收、軍事等國事）。相反，宗教意象和宗教語言是羅馬政治語彙中不可或缺的部分。

敬拜在世皇帝及其死後化身為熱心於這些活動的人提供了一種理解歸屬羅馬帝國究竟意味着甚麼的方式。無論是在以弗所、阿弗羅狄西亞、米提林，還是在高盧，這種敬拜活動都能將個人和社會同一個單一的帝國中心聯繫起來；它能夠將傳統的神明及悠久的地方信仰整合進一個儀式體系，並使之在整個地中海世界得到複製；它還能提供一種理解專制權力的語言。對於像卡約·維比烏斯·撒路塔里斯這樣在自己

圖5　安東尼・庇護和福斯蒂娜升天。安東尼・庇護記功柱底座上的浮
　　雕，羅馬，現藏梵蒂岡博物館

的城市裏處於最高地位的富人來說，向另一個凡人低
頭致敬會冒不堪設想的遭社會羞辱的風險，但崇拜一
個神明為地方顯貴提供了一種既能承認自己的從屬地
位又不失顏面的方式。實際上，在爭奪城市和個人榮
耀的競爭中，顯示和神聖皇帝的特殊關係既加強了那
些擔任祭司和贊助節日、出資建造神廟者的特權地
位，又確認了他們城市的優越地位。特別是，這公開
表示，他們是屬一個世界性帝國社會的成員。公元二

世紀埃及一片紙草上保留下來的部分諺語式問答錄，簡潔地概括了這種由帝國強加的天地等級觀念：

> 甚麼是神明？權力的行使。
>
> 甚麼是統治者？宛如神明。

接近皇帝的難題

對於許多接近帝國中心的人，尤其是對於那些身處皇宮的人，如此滿懷信心地宣佈皇帝的神性，並沒有完全領會到當面和皇帝相處的複雜性。畢竟，皇后福斯蒂娜嫺靜地站在她鍾愛的丈夫身旁、他們一起安詳地飛上天國的情景和一個桀驁不馴的女人、其放蕩的生活為安東尼‧庇護嚴格的家規所約束的形象之間有着很大差距。同樣，在阿弗羅狄西亞的南面柱廊上的克勞狄裸露着威武的身軀，身材比例極其勻稱，這和現實中淌着口水、說話結結巴巴和遇事優柔寡斷的皇帝也有着很大差別。據說在他小時候，其母安東尼婭無情地拋棄了他，斥他為不完全的人：「與其說天生不完全，不如說簡直沒有開始生長」。

一面是專制統治，像神一般行使絕對的權力，另一面是那些羅馬帝國統治者具有的凡人的缺點，這兩者間的不一致有時會成為人們消遣的對象就不足為奇了。最逗人的俏皮話是由皇帝本人說的。據說在

公元79年6月，維斯帕西亞努斯在臨終之時以嘲諷的語氣俏皮地說道：「見鬼！我想我要變成神了！」在此25年之前，即公元54年，盧奇烏斯·阿內烏斯·塞內加(著名的道德論者、哲學家和劇作家)撰寫了一篇辛辣諷刺克勞狄皇帝神明化的作品。它的標題Apocolocyntosis是希臘語中的apotheosis（「神明化」）一詞的巧妙變體，大體可譯為「南瓜化」。塞內加想像，死去的克勞狄站在奧林匹斯的天庭門前，嚷着要求進入天庭。朱庇特有些不知所措，召集眾神商議此事。在爭論結束的時候，克勞狄的叔祖、已神化成仙的奧古斯都發表長篇演講，堅決反對接納他：「難道是為此我才保障陸地和海上的和平的？難道是為此我才制止內戰的？……誰會把這個人當作神明來崇拜呢？誰會相信他呢？如果你們把這類人變成神明，那麼誰也不會相信你們也是神明。」在場諸神無不稱是。克勞狄當即被逐出天庭，並被墨丘利拖到冥界接受永世的懲罰。

儘管這些話尖酸刻薄，但這類幽默的諷刺作品還是應該受到認真對待。與其說它們說明了羅馬精英階層對皇帝神性持某種懷疑的態度，不如說它們承認了(我們社會中最好的政治諷刺作品通常也是如此)理解權力的困難和圍繞權力的行使進行直接批評的擔憂。問題不在於接受一個在世皇帝的權威，而在於建立一個道德體系，以便使皇帝的行為得到評判。在其哲學

論文《論仁慈》(作於《南瓜化》發表兩年之後，是寫給尼祿皇帝的)中，塞內加提出，要行使帝國權力就要有種緊張感和自我約束的精神。負責維持和平者不得不隨時為戰爭做好準備，負責司法者不得不總是控制自己的情感和語言：

> 陛下也許難以相信，君主會被剝奪即使最低賤者也享有的說話的自由。陛下也許會說：「這是枷鎖，而非最高權力。」

果真如此嗎？陛下難道沒有意識到，最高權力意味着陛下要接受一種高尚的奴役嗎？……居於至高無上之位所受的奴役在於不可能從這一地位下降。陛下與諸神一樣同受這種限制。他們同樣被牢牢繫於天庭……陛下也被固定於權力的頂峰之上。

儘管皇帝如同神明，掌握了帝國的權力，但他們可能也受制於一套道德規範，其行為理應合乎這一規範，貴族精英一直以此來頌揚皇帝。公元100年9月，著名的元老院議員小普林尼向圖拉真和元老院發表了一次演說，感謝皇帝授予執政官一職。在這篇頌詞中，普林尼極力強調圖拉真的主要美德：仁慈、簡樸、虔誠、開明以及平易近人。他像神明一般關注正義：「他目睹一切，耳聞一切，只要有人請求他幫助，他立時到場」。實際上，即使朱庇特也有理由感

激他：「由於他把你給了我們，以便卸去他自己對於整個人類的責任，他才能有更多的時間關注天國之事」。尤其是，普林尼讚美圖拉真的謙遜，讚美他作為公民之一員的行為，和普通公民一樣受到法律的約束，並相互尊重各自的社會地位。在普林尼精心構建的政治經濟學中，好皇帝同時也是好公民——羅馬貴族精英經常以巧妙的修辭藝術重述這個悖論。的確，普林尼令人稱奇的警句式語言幾乎使人忘記，君主不可能同時也是臣民：

> 皇帝是我們中的一員，他的地位之所以更高更突出，乃是因為他認為自己是我們中的一員，並且認識到他既是眾人之上的統治者，也是一個普通人。……當一個人身處最高位，不能再向上一步時，他唯一可以往上走的路就是走下來。

當面讚揚一個專制君主永遠不是件容易的事。普林尼優雅的修辭表述抓住了——即使只是暫時地——廷臣所面臨的困難。他們和圖拉真相識，並且他們的成功仰賴於他不斷的關照。要連貫地把握理解帝國權力各種可能的、時而又明顯矛盾的方式，並不是件容易的事。對於普林尼而言，關鍵（正如在以弗所和阿弗羅狄西亞）在於宣稱在他的聽眾和皇帝之間有着某種聯繫。其演說的核心在於論證，圖拉真和帝國精英

階層是利益的共同體。一個值得稱頌的皇帝應該試圖保護這個群體的特權。在普林尼看來，皇帝展示的最大美德即是願意被看成是「我們中的一員」。

實際上，普林尼用另一個令人難忘的悖論說明，正是圖拉真以普通公民的身份行事才使他獲得了至高無上的地位：「陛下從我們都踩踏過的土地升入天國，在這裏皇帝的腳印和我們的腳印融為一體。」

書寫帝國權力

普林尼的同代門生蘇埃托尼烏斯是一位學者和能幹的官員，在圖拉真及其繼任者哈德良的宮廷裏擔任過許多要職。普林尼通過讚揚圖拉真對帝國權力的行使而暗示的許多期望，在蘇埃托尼烏斯撰寫的一系列皇帝傳記裏得到了更為公開的表述。和普林尼一樣，蘇埃托尼烏斯公開進行道德評判。他既讚揚也批評，他批評的盡可能是很早以前的皇帝。他為之作傳的所有皇帝都已死去，因而沒有甚麼危險，其《十二愷撒傳》中的最後一位皇帝是圖密善，也已在他寫作的二三十年前去世。

作為一名傳記作家，蘇埃托尼烏斯尤其致力於揭示人類行為的秘密動機。好皇帝因其美德而能享有盛名：開明、謙遜、中庸、仁慈。他們的個人功績和有節制的私生活反映了其政治主張，即尊重羅馬富有精

英階層的地位和重要性。在蘇埃托尼烏斯看來，奧古斯都是卓絕不凡的典範，他恢復了元老院的榮譽，並認可了其首要地位。正如他為國家建立了良好的秩序一樣，奧古斯都在私生活方面也值得讚賞，是自我節制的好榜樣：

> 從仍然保留下來的躺椅和桌子可以看出，他沒有在傢具和家居用品上花錢⋯⋯據說他只在低矮而裝飾簡易的床上睡覺⋯⋯他吃喝節儉（我甚至不願省略這點），通常只吃普通的食品，尤其喜食粗麵包、小鯡魚、手工製作的軟奶酪和青無花果。

壞皇帝的標誌是他們的惡劣品質：傲慢、殘酷、貪婪、奢侈、縱欲。他們的性格缺陷及其私生活的荒淫無度，反映了他們對維護羅馬社會等級體系的漠不關心，而這一點是應當受到責備的。在蘇埃托尼烏斯看來，卡里古拉無恥地在普通公民中博取公共聲望清楚地表明了社會的失序。他威脅說要授予自己最寵愛的寶馬執政官職位。我們不應把他的威脅看成是巧妙而蓄意地侮辱這個象徵元老院議員生涯頂峰的官職，而應看成是他幾近瘋狂的戀馬癖。在這個混亂的世界裏，如果人們說一個皇帝不顧禮儀顏面，在公共場合命令元老院議員跟在他戰車後面跑，人們也會相信他在私生活中一定沉湎於奢華酒宴，整日同男男女女、

議員的妻子、甚至他自己的姐妹交媾貪歡。

　　蘇埃托尼烏斯在卡里古拉身上所注意到的道德腐化在尼祿那裏得到了重現。尼祿應該為公元64年的羅馬大火災負責，這是他巧取豪奪土地的開始。在城市中心一塊50公頃的土地上，尼祿建造了一座新宮殿，它坐落在風景優美的享樂花園裏。就其規模和奢華程度而言，尼祿的「黃金屋」遠遠超過了奧古斯都及其後繼者們在俯瞰市政廣場的帕拉丁山丘上修建的皇帝住所。在蘇埃托尼烏斯看來，在羅馬市中心建造可謂是鄉間莊園的做法，顛覆了事物的自然秩序。這是一個再明顯不過的表明尼祿政權無意維護一個良治社會的信號。帝國權力可能更多地基於城市的大眾訴求而非元老院的精英支持，這種威脅最為恣意地表現在尼祿對諸如戰車比賽、戲劇和角鬥士比賽等大眾娛樂的熱情中。對蘇埃托尼烏斯而言，這是性格存在致命缺陷的某種證據。其道德教訓十分清楚。一個在角鬥場上角鬥、在舞臺上表演的皇帝，更有可能被譴責為是危險的自大狂，在世界的都城陷於大火的時候，他卻在漫不經心地彈着里拉琴或是哼着荷馬史詩中的小曲。

　　對尼祿演技的關注，也是對其統治最有影響的記敘中的重要主題。這一記敘和蘇埃托尼烏斯的傳記一道，在很大程度上塑造了現代人對羅馬皇帝的認識。和普林尼以及蘇埃托尼烏斯同時代的科內留斯·塔西佗是最敏銳的歷史學家和最深刻的政治評論家之一，

其著作從古代世界流傳了下來。在其《編年史》(約公元120年寫成)中，塔西佗描繪尼祿樂意在舞臺上扮演各種角色，他認為這是尼祿對在皇宮這個更為私人的世界裏不斷排練的一系列技藝的公開表達。在這里尼祿皇帝也在表演，在這裏由廷臣和皇族成員組成的一小群觀眾試圖預測劇情，以便知道何時鼓掌、何時說話、何時保持沉默。

《編年史》中最令人難忘的場景之一開始於皇帝的家宴。全家人聚在一起，看上去一派溫馨、其樂融融的樣子。出席宴會的有尼祿的母親阿格麗品娜，年輕的屋大維婭及其兄弟不列塔尼庫斯。作為克勞狄皇帝倖存的最後一個兒子，他對尼祿的皇位構成了最嚴重的威脅。席間不列塔尼庫斯突然昏倒在地，說不出話來，拼命地喘着粗氣。這(至少在塔西佗的敘述中)是一個謀殺的情景。不列塔尼庫斯的一杯熱飲已由其隨從嘗過，但隨後用了含有劇毒的涼水冷卻。在年輕的王子氣絕之時，尼祿卻說並無不尋常之事發生，這個男孩只是癲癇病發作，很快就會沒事。在知道了不列塔尼庫斯並非在演戲，而是真的死了之後，那些不諳宮廷虛禮者匆忙離開了宴會廳。那些熟諳此道的人則留在原位。不列塔尼庫斯慈愛的姐姐屋大維婭並沒有畏縮(用塔西佗的話說)：「儘管她年輕不經事，但已學會了掩飾自己的悲傷、自己的喜好、自己的各種情感。」所有人的目光都聚集在尼祿身上，看他怎麼

做，他們好依此而行。「接着在短暫的沉默之後，宴會的喜慶歡樂氣氛又重新恢復了。」

尼祿的皇宮是一個危險的世界，即使是像無辜的屋大維婭這樣沉默的旁觀者，也不得不和別人一道來掩飾自己的真實情感。在不列塔尼庫斯死去四年之後的公元59年3月，尼祿邀請母親和他一起到巴伊埃度假，這個度假勝地在今天那不勒斯附近的康巴尼亞海濱，那時達官貴人常到此地。阿格麗品娜接受了邀請，盼望着好好(據塔西佗所載)享受一番。而且，尼祿在一次表現得尤為體貼周到的宴會之後，命令一艘裝飾華麗的新船送她渡過海灣。一個星光明亮的夜晚，在靠近海岸的地方，災難降臨了。一切似乎都按照尼祿的計劃進行：船散架了，也許這原本就是設計好的。這本會是又一次謀殺。但阿格麗品娜和她的侍女阿克羅妮婭被她們斜靠躺椅的結實邊架所救，沒有被壓死。在接下來的一陣混亂之後，她們落入水中。

阿克羅妮婭叫喊說她是阿格麗品娜，自忖她會因此而得救。但是她裝得太逼真，船員立即用錨和槳把她打死。阿格麗品娜本人則靜靜地遊到岸邊，只是受了點輕傷。儘管懷疑有人企圖殺她，她還是立即令心腹僕人阿格爾姆斯去向尼祿報告，說她僥倖從一次事故中死裏逃生。而尼祿則驚慌失措，將一把寶劍扔到阿格爾姆斯腳下，聲稱他剛剛僥倖逃過一次暗殺。尼祿宣稱阿格麗品娜明顯想要害死她的親生兒子，於是

派軍隊去殺她。宮廷裏的人不知所措。一些人開始慶祝皇帝的好運，尼祿則眼含淚水，哀悼他生母的死亡。

在塔西佗的《編年史》中，尼祿對帝國權力的行使，扭曲了他的世界觀，並給他帶來了殺身之禍。在尼祿統治下，羅馬是個黑暗險惡之地，諸事皆暗藏玄機。在這裏和皇帝有關的人只能力圖揣摩皇帝心血來潮的舉動。所有人——或有意地、或偶然地、或不情願地——都不可避免地陷入虛偽和欺騙之中。塔西佗把政治世界看成一個舞臺，所有人都在表演，而只有少數人(如果有的話)能撰寫自己的劇本。這個核心意象極具吸引力。對於那些堅決持懷疑主義立場的人和那些熱情支持共和主義的人來說，這是一個警示專制統治危害的意象。貫穿《編年史》始終的就是對腐蝕權勢之人、危害統治過程本身的帝國體制的揭露和批判。這裏面沒有英雄人物。塞內加(尼祿親近的幕僚之一以及《南瓜化》和《論仁慈》的作者)在自己的浴室自殺，試圖通過此舉來逃避帝國政權不可接受的要求。這必然是徒勞之舉。在塔西佗看來，這無謂的死亡有點像是一場鬧劇，以一種殘忍的方式暴露了(因為這位博學之士氣絕之時仍在讓文書記下他的想法)塞內加過於誇大自身重要性的想法。

節儉的生活方式導致身體衰老而瘦弱，他的血只能緩慢流出。塞內加割斷了腿上和膝蓋下面的動

脈⋯⋯然而即使在這最後時刻，他仍能說會道；因此他喚來文書，讓他們記下一篇長文。

儘管塔西佗對專制獨裁帶來的不可避免的恐怖統治進行了道德批判，但我們應該謹慎對待而不應全然接受這些批判。塔西佗生動的文風(如同19世紀最優秀的小說家一樣)有時候能使讀者忘記，他根本就不可能知曉那些他當作無可爭議的事實而描述出來的許多行為和動機。如果尼祿，或者屋大維婭，抑或阿格麗品娜真是在掩飾他們的情感，我們也很難確定塔西佗或者給他提供史料來源的人何以知道他們真正的感受。相反，塔西佗描述的帝國歷史中，一切都是狡詐謀劃的，一切都是事先精心安排的，一切都是嫺熟表演出來的。真正歡呼的大眾不起作用，來自貴族、民眾或行省的任何真正支持也不起作用。沒有可能確定不列塔尼庫斯是否真正死於癲癇病發作，或者阿格麗品娜是否確實遭遇了怪異的海船事故。塔西佗記敘之時已是事發60年之後，他怎麼可能收集、研究和核實有關謀殺阿格麗品娜(如果的確如此的話)企圖的重要細節呢？即使我們假定塔西佗總是力圖恢復事情原貌，我們又怎麼能確信塔西佗能夠有把握從謊言中篩選出事實呢？

當然，關於尼祿的記載也有其他的版本，它們可能和塔西佗的記載一樣令人信服或是一樣不可信，或

者說一樣無從知曉其真實性。但是可能找到其他的方式來考證這位皇帝的名聲。至少我們應該質疑塔西佗記敘羅馬皇帝時令人難以忍受的自以為是和蘇埃托尼烏斯在帝王傳記中強加的道德規範的誘人之處。蘇埃托尼烏斯（總是熱衷於強調羅馬精英階層的權利要求和偏見的重要性）和塔西佗（對他而言，權力不可避免地導致腐敗）他們自己也是關於如何理解帝國權力爭論的一部分。僅僅因為他們有時似乎更為直接地投合現代人的心理並不能使他們的敘述更為準確或可信。兩人都有自己巧妙的安排，讀者應該敏銳而不安地意識到這一點。

和羅馬皇帝的這種形象一道，我們可以同時嘗試列舉一系列其他觀點——一些相互矛盾，一些相互補充，另一些則相互重疊。在塔西佗和蘇埃托尼烏斯嚴肅的歷史記錄之外，我們還應該列舉奢華的遊行式、昂貴的雕塑組合、言辭誇張的演說和令人印象深刻的碑銘。這樣做不會使我們更接近「真實的尼祿」或其他任何皇帝（最終的目的不是評判一種記敘是否比另一種更可信）。但我們卻更能理解羅馬世界的人們理解和表述帝國權力的各種方式。

在公元一世紀中葉的阿弗羅狄西亞，那些負責在皇帝神廟前的兩座柱廊裏建雕塑的人，定製了兩塊敬獻給尼祿的大理石石板雕塑。如同其他羅馬皇帝的雕像一樣，這些雕塑也是一個龐大的雕塑計劃的一部

圖6　尼祿和阿格麗品娜。用於皇帝崇拜的神廟建築上的浮雕，阿弗羅狄西亞

分，該計劃包括了希臘神話傳說中的英雄和奧林匹斯諸神。在一塊雕塑板上，尼祿赤裸身體，以勝利者的姿態站在一個精疲力竭的女人面前耀武揚威，後者代表了被征服的亞美尼亞。在第二塊雕塑板上，他身着軍服，手持長予，可能還有一個寶球，其母阿格麗品娜左手拿着豐饒角（一種象徵豐足的角，角上盛滿了葡萄和石榴），正給他戴上桂冠。這些令人印象深刻的想像表現了一個強有力的神明般的皇帝，它們是對羅馬帝國持久的力量和繁榮的公開頌揚。作為帝國力量的象徵，這兩塊雕塑板不應太輕率地被我們屏棄——儘管像塔西佗這樣一個歷史學家可能只會帶着挖苦和嘲諷的微笑看它們一眼。

第三章
共謀

統治羅馬帝國

公元二世紀初，在小普林尼為擔任執政官而發表了一篇含義微妙晦澀的答謝詞十年之後，圖拉真皇帝派他去統治黑海南岸的比提尼亞–本都行省。留存下來的普林尼和皇帝的通信為我們提供了一個深入瞭解羅馬高層管理者的獨特機會。在寫給皇帝的信中，普林尼表達了他執行敕令的熱情。在為期兩年的時間裏，他給圖拉真寫了61封信，內容涉及各種事務，其中39封是請皇帝就有關事務作出決策或是給予認可。例如，在接到皇帝的許可之前，普林尼沒有擅自審查阿帕梅亞城的市政賬目，儘管該城公民願意提供這些賬目(考慮到前任皇帝准許阿帕梅亞免於總督審查，普林尼的猶豫自有其理由)。他還請求圖拉真批准所有新建築的建造，因為在此前的十年裏，建築工程成為市政開支過度的主要原因。他還向圖拉真彙報了諸如尼科美狄亞兩座引水橋未能完工、修建了一半的尼凱亞露天劇場下沉、在克勞狄城建造新浴池的規劃過於龐大

等問題。他建議在尼科美狄亞修建一條運河，在錫諾普修建一座引水橋，在普魯薩建造新浴池，給阿馬斯特里斯城主街上發臭的敞開式排污溝鋪上遮蓋物。

從某個角度來看，儘管普林尼在比提尼亞-本都的管理活動是必要的，但是卻似乎比較平庸（確實幾乎不值一提）。他會堅持審查市政開支的記錄或是請求圖拉真批准建築計劃，抑或試圖使帝國指令的模棱兩可之處協調起來，這無疑說明他勤勉地履行了職責。同樣，我們可能會想，總督關注一個繁榮行省裏城市財政的健全本是無可厚非的。以現代人的感受而言，在兩年時間裏向皇帝請奏39次（即使這僅僅是更多奏請中公佈出來的一部分），幾乎不會有人覺得普林尼的管理是干涉過多的。但是對當時的人而言，這些詳盡的調查之所以值得注意，恰恰是因為它超出了通常的做法，超出了羅馬帝國統治應有的標準。普林尼是個例外，而非常例。在多數時候，羅馬總督們慣於被動作出反應，而非主動採取行動。他們並不干預自己行省裏各城市的內部事務。如果有人請願或是要求仲裁，他們才可能選擇裁決，儘管在許多時候僅僅是發回地方市政官員審理。在遇有要求或必須的時候，他們才對事態或是爭端作出回應。他們是當地人可能求助的權威，而非主動行動的調查官。行省總督下屬人數不多，反映其職權範圍有限。普林尼不可能有100多個訓練有素的官員幫他管理比提尼亞-本都行省事務。在可

能發生反叛或因容易受到攻擊而須更多警戒的軍事化邊境行省，官員人數要多一些。在公元二世紀，不列顛行省駐紮有三個軍團，其總督有多達450名下屬官員協助他，其中絕大部分是從軍士中臨時調派的。總體而言，在整個帝國範圍內，協助像普林尼那樣負責行省管理的總督的官員總共也就一萬人左右。

這個數字非常小，尤其是對那些習慣於現代國家施加嚴格管理的人們而言。這些現代國家通常都有一套涉及面很廣的政策和計劃。在此可以進行一下統治規模的大體比較：為了服務於和羅馬帝國大體相當的人口，英國政府目前雇用約50萬官員。不過要承認，羅馬政府從未試圖提供大眾教育、住房、醫療衛生和社會保障等福利(也不認為有必要或值得這麼做)。即使如此，從管理的角度來說，羅馬對地中海世界的統治是非常經濟而節儉的。很難說羅馬帝國是統治過度了。

小城市社會

這種最少干預的狀態是行省裏許多人渴望維護的。在普林尼擔任總督之前的第十年，比提尼亞-本都行省的中等城市普魯薩的一個頭面人物呼籲同伴，不要做任何可能破壞這種有利安排的事情。這位才藝出眾的演說家和哲學家叫狄奧·科齊亞努斯，欽佩不已的後人稱他為狄奧·克里索斯托姆——即「金嘴的狄

奥」。他的演説留傳下來的有80篇，其中一些是在市政大會上的發言。(正如普林尼對其浴池的調查所確認的，)普魯薩是個普通的地方，很像散佈在地中海地區的成百上千的其他小城。它坐落在迷人的比提尼亞最高峰奧林帕斯山下一片寬闊的階地上。普魯薩的繁榮依賴於出口低矮山坡上茂密森林裏的木材，耕種山下寬闊肥沃的山谷，以及吸引旅遊者到這裏的溫泉來。

普魯薩及其周圍領土上的居民由一個公民大會和一個市政議事會來代表。公民大會向所有達到最低財產資格的成年男性公民開放，議事會成員資格則受到更嚴格的限制，局限在大概兩三百個最富有的公民中間，他們擔任着城市的高級官職。這些人是普魯薩的地主士紳階層，是一個收入主要來源於農莊的富人團體。這些富人及其家庭代表了這座城市的「品質」，他們期望其高貴的社會地位得到所有人的承認和重視。他們是一個勢利、自私、內向的階層。在不斷的艱難的地位爭奪戰中，他們心懷妒忌地互相注視着對方。他們將時間花費在了精心組織的社交活動(宴會、打獵、履行公共職責)、做作的繁文縟節、以及煞費苦心而又錯綜複雜的陰謀詭計中，後者是任何一個以繼承權和婚姻關係緊密結合在一起的小特權群體的特徵。

普魯薩每年從這個「上層階級」的成年男性中選舉官員(名義上是由公民大會選舉，但必須從市政議事

會事先選定的候選人中選舉），最高級的職位則由少數權勢家族把持。狄奧・克里索斯托姆父子都擔任過首席行政官。在市政議事會的監督下，一個由地方性租金、間接稅(例如關稅)和特別稅組成的稅收體系為城市管理提供了資金：為差役隊伍提供經費和設備、監督糧食供應以確保有定價合理的食物、維護排污系統、維修公共建築和街道、供應公共浴池燃料、規範私人建築以及控制度量衡。此外，市政議事會中最富有的成員為了獲得優越的地位而永無休止地進行競爭。作為這種行為的一部分，他們被指望利用其私人資源承擔公共娛樂的費用(宗教節日、紀念宴會、文化與體育競賽、角鬥士比賽等)，並資助旨在美化他們城市的各項浩大工程。

同樣重要的是，市政議事會集體負責向羅馬交納歲貢。這些歲貢部分按人頭稅計算，部分按財產稅計算，用於在需要時(例如用於道路維護)組織和提供勞動力，以及為軍隊招募新兵。作為滿足這些帝國基本要求的回報，像普魯薩這樣的城市被允許自己管理其內部事務。在狄奧・克里索斯托姆看來，是這種免於帝國干預的自由加強了小城市社會持續不斷的活力。同樣，是帝國的存在(以及在動盪時進行報復的威脅)鞏固了富人的高貴地位，並證明了他們對城市的控制是有充分理由的。

這些是地方精英階層不願放棄的重要利益。在公

元一世紀70年代，普魯薩人對食品價格的上漲感到憤怒，要求任命狄奧為負責糧食供應的專員，並要求他出錢補貼在公開市場上購買的糧食，從而使所有人都受益。在狄奧拒絕後，情況變得嚴重起來。一群人差點放火燒了他的房子。後來，狄奧在城市的公民大會上發表演說，為自己的做法辯護。他列舉了自己以前及其家庭世代的善舉，舉例說其祖父「慷慨地花費了他從自己父親和祖父那裏繼承的全部財富，直至分文不剩」。狄奧宣稱他已經負擔了超出他應承擔的公共開支，還說他其實不是普魯薩最富有的人。他建議公民大會從那些尚未將私人財富用於公共支出的人中選出合適的糧食專員。

這是一個雙重的指責，既指責公民，要求他們停止通過暴力強行提出要求，也指責在市政議事會裏的同僚。狄奧有針對性地指出，市政議事會應集體負責確保普魯薩得到合適的管理。也許不是每個人都相信狄奧所宣稱的財力有限及其祖父散盡家財的慷慨。即使如此，不管該城的精英階層在此事中是多麼不想表現出熱心公益和慷慨解囊的精神，這樣做都於其長遠利益有害。如不能應對這一共同面對的挑戰，那必會招致羅馬當局的出面干預，而這是大家都不願看到的。狄奧以一個毫不客氣的比方強調了這一點：

城市中所發生的事都逃不過總督的注意。正好相

反，就像家長會將孩子在家裏的淘氣告訴老師，城市公民大會的不當行為也會被彙報給總督們。

後來不斷有人對狄奧‧克里索斯托姆的憂慮和他的自我利益表示了關注。在公元二世紀中期，另一位著名的希臘演說家埃留斯‧阿里斯提得斯發表了一篇演說，熱情洋溢地頌揚了羅馬。他對羅馬的頌揚牢牢基於其在斯米爾那(位於土耳其愛琴海岸的今伊茲密爾)的地方從政經歷。在阿里斯提得斯看來，羅馬帝國的一個獨特之處，就是對管理地方社會的日常事務缺乏興趣，這一點尤其值得稱道。不僅帝國官員的人數少，而且在遠離邊境的地方也只有少量兵士。在帝國境內像小亞細亞這樣最為和平的地方，整個行省駐紮的軍隊可能不超過500人。當然，帝國能夠迅速地集結大軍，但重要的是羅馬的統治機構中沒有永久駐紮在地中海地區諸城的軍隊。埃留斯‧阿里斯提得斯對統治體制的這一好處大加稱讚。在他看來，最好將羅馬帝國描述為「獨立城市的共同體」。反過來，城市的自治解除了羅馬政府和軍隊的巨大負擔：「沒有必要在城市的要地駐紮軍隊，因為每個城市裏最顯要最有勢力的人正為你們守衛着他們的家鄉。」

地方精英集團是羅馬帝國成功的關鍵。對於那些從最初征服的創傷中倖存下來、放棄任何無謂的有組織抵抗的人來說，和統治力量建立一種恰當關係的好

處不言而喻。事實上，對於行省的許多人來說，他們最能感覺到的羅馬統治就是加強了現存寡頭集團的實力，使它們在地方能夠施行絕對的控制。在像普魯薩和斯米爾那這樣的城市，帝國的存在明顯加強了少數幾個富有家庭令人難以忍受的對城市事務的獨裁專斷。就像狄奧·克里索斯托姆強調的那樣，不能允許城市內部的爭鬥破壞公共秩序，進而危及現狀。與此相似，在西部行省，羅馬的有效統治依賴於和地方強人的親密關係。在西班牙、高盧和不列顛，帝國統治的確立結束了部落戰爭及其首領沉浮的惡性循環，在這之前他們岌岌可危的地位受到不斷衝突的挑戰。那些支持羅馬統治的首領發現，通過和帝國力量建立密切聯繫，他們作為地方最顯要人物（在羅馬總督之後）的地位得到了加強。比起羅馬征服之前，他們現在更加穩固地佔有着權力和財產。

在地中海地區的各個城市中，羅馬統治支持了地方精英階層，保障了其重要性和權威性。連最令人惱恨的帝國要求，即繳納歲貢，也可能使他們受益。那些承擔徵稅經濟風險的市政議事會成員，同時也最容易轉嫁納稅負擔。他們可以串通起來估低自己的財產總值、提早要求他人繳稅以及自己拖後交稅，這樣一來，他們便能最大限度地轉嫁負擔，撈取利益。對於這些顯貴來說，帝國統治的壓力既是獲益的潛在來源，又是其地方權力的基礎。帝國的需要使他們對小

土地所有者少量剩餘產品的暴力榨取（有時如此）合法化了。農民以佃農和納稅者的雙重身份被束縛在了富人的田莊裏。

對於那些統治地方並保障了和平以及定期上繳稅收的人來說，其優越地位因獲得羅馬公民權而得到了進一步加強。羅馬帝國經常將公民權授予曾經擔任市政官員的家庭及其直系後裔，也授予在羅馬軍隊的輔助部隊中服役滿25年的兵士。狄奧宣稱他應該被看成是普魯薩有影響的人物，其中的一個主要理由就是其父母都是羅馬公民。對於像狄奧這樣的人來說，公民權的實際好處顯而易見。他們獲得了羅馬法律提供的保護，對那些最富有和最有野心的人來說，他們由此而獲得了在帝國行政部門和軍隊中擔任高級職務的機會。

讓組成帝國諸城中的統治精英有機會獲得羅馬公民權也有助於確保他們會主動去調和對地方和對帝國的忠誠。在公元168至169年，馬可·奧勒利烏斯皇帝和盧西烏斯·韋魯斯皇帝將公民權授予了尤里安的家人，後者是生活在摩洛哥阿特拉斯山區高處的澤格棱斯民族的領袖之一。為了宣傳他是享有特權、與羅馬有着特殊關係的帝國精英集團的一分子，尤里安的長子（他在九年之後也為自己的家人贏得了羅馬公民權）用拉丁文將兩位皇帝的授予狀永久地刻寫在了一塊精心雕刻的青銅飾板上。對於那些希望追求如此成就的人來說（而且皇帝急欲鼓勵其他人這麼做），它傳達的

信息十分清楚。尤里安、他的妻子和四個孩子成為了羅馬公民，「因為他樂意服從我們一方，表現得尤為忠誠」。就像每個知道尤里安的人毫無疑問都意識到的那樣，在這裏「我們一方」指的是羅馬帝國。

擁有羅馬公民權的人形成了一個群體，他們可以宣稱是整個地中海範圍內利益相互彙聚在一起的共同體的正式成員。在擴大公民權方面，羅馬帝國比起其他古代國家和許多現代國家都更為寬容大度。（例如，在公元前五世紀推行民主政治的雅典，只有父母同為公民的人才能成為公民。）這種對地方貴族相對大方的包容，是羅馬統治的一個重要方面。埃留斯·阿里斯提得斯特別挑出這一點來大加稱讚：「這件事情比起其他所有事情都更值得關注和欽佩：我指的是你們的公民權及其宏大的構想，因為在其他地方完全沒有發現類似的情況。」阿里斯提得斯的讚揚很容易理解，因為他屬那個少數富有的享有公民權好處的小群體。最為重要的是，他的熱情稱讚揭示了羅馬統治最為持久的一個方面，即在整個地中海世界，被征服的行省精英迅速而成功地轉變成了帝國的統治階級。現在征服者和被征服者都能把自己說成是羅馬人。

修建紀念建築的衝動

行省中對於安全和繁榮最為引人注目的慶祝體現

在私人出資修建的大量紀念性建築中。地方顯貴競相以具象方式表達他們在所處城市中的優越地位以及他們屬帝國精英集團的身份。幾乎所有城市都從這種競爭衝動中受益。現代觀光者最為稱道的柱廊、圖書館、神廟、凱旋門、浴池和露天劇場，大部分都是在這個為表達自我優勢而慷慨捐建公共建築的高潮中興建的，它們同時也是富人想要表明他們城市完全屬帝國城市這一奢侈願望的產物。今天，這些建築的精美大理石覆面已不復存在，其亮麗的彩繪裝飾也已永遠褪去，只有飽受風霜侵蝕的建築骨架能略微顯出它們以前的宏偉氣勢。

公元二世紀中期，葵庫爾(今阿爾及利亞的賈米拉)最尊貴的公民之一盧西烏斯·科西尼烏斯·普里姆斯出資修建了一個巨大的新市集。它是一個由長方形柱廊(24米長，22米寬)包圍着的廣場，中間有一座六角形的柱廊式亭子，直徑達5米。柱廊頂部的一圈銘文清楚地記錄了科西尼烏斯的慷慨大方：他出資並指示他的兄弟卡尤斯監督建造「市集及其柱子和雕塑……還有亭子」。

同樣重要的是，這個設計方案是有意模仿之作。盧西烏斯·科西尼烏斯的新市集是羅馬大市集的微縮形式，後者建於公元59年，公元64年的大火燒毀了羅馬大片城區之後，在尼祿的統治下又得以重建。大市場由一個大露天廣場組成，周圍是一個兩層樓的柱

廊。在市場的中央聳立着一個同樣宏偉的圓形亭子。這種設計在帝國各地廣為複製。以羅馬大市場為模式建造市場表明這些城市都緊跟大都市的時尚風潮。一座偏遠的行省小城也會炫耀它關於帝國首都和國際時尚的知識。

對羅馬城本身而言，大市集的建造是為了趕超一座古老得多的建築（可能也是在公元64年的大火中燒毀的），後者最初是執政官、常勝將軍馬可·弗爾維烏斯·諾比利奧在公元前二世紀早期出資建造的，其平面佈局後來成了標準的設計：一個長方形圍場，中央建造一座亭子。大勒浦克斯城（位於今利比亞沿岸）複製了這一羅馬建築原型，在此建造了一個四面由柱廊環繞的廣場，中央是兩座灰色石灰岩的圓形亭子，每座亭子都由八角形的柱廊環繞。在公元前八年市集落成時寫的碑文把捐獻者阿諾巴爾·塔帕皮烏斯·魯富斯和當時在位的皇帝奧古斯都聯繫在了一起。

魯富斯還出資建造了大勒浦克斯壯觀的新露天劇場。劇場的座位區呈圓弧形，直徑達95米，部分靠着一個自然的山坡，部分建在壓實的泥土和碎石之上，還有部分建在石面的水泥穹隆之上。這是一項了不起的成就。魯富斯在一些顯眼位置刻寫的銘文中誇耀了自己的慷慨大方，其中兩篇銘文刻寫在舞臺出入口的上方，面對着觀眾。銘文以拉丁文和布匿文（當地語言）寫成，前者強調他和廣闊的羅馬世界的聯繫，後者

圖7　市集，大勒浦克斯

確保即使不懂拉丁文的人也能知道他的慷慨，並讚揚阿諾巴爾·魯富斯這個「家鄉的裝扮者、和諧的熱愛者」。

在這個露天劇場裏，地方精英能夠展現他們自己。在隨後的一個半世紀裏，大勒浦克斯的富人們競相爭取超過魯富斯。他們出資增添更為壯美的裝飾，

包括改進座位，用矮牆把市政議事會的座位和其他觀眾隔離開來，在觀眾席最後一排的中間增加一個小神龕，在舞臺背後修建一面富麗堂皇的裝飾性大理石遮蔽屏。這面遮蔽屏有三層樓高，上面飾有一百多個神明和皇族成員的雕像。

各地都在模仿這種慷慨和炫耀的方式。在半個地中海世界之外的阿帕梅亞(位於敘利亞西部)，盧西烏斯‧朱利烏斯‧阿格里帕在公元115年的一次嚴重地震後宣佈，他要為城市慷慨解囊。他負責修建了一座氣派的浴池建築和一個可用於舉辦音樂會和音樂或演說競賽的大廳。在一篇長篇銘文中阿格里帕詳細敘述了他的慷慨之舉，列舉了他在市政議事會擔任過的各種官職以及其他善舉：「他還修建了浴池和它前面連接主街道和鄰近大廳的柱廊，並捐獻了他花錢購買的所有土地」。接着他詳細列舉了為浴池定製的青銅雕塑，包括一組忒修斯和米諾牛的雕塑以及一組阿波羅和瑪息阿的雕塑。瑪息阿是森林之神，他輕率地向阿波羅挑戰，要和他在音樂上一爭高下，輸了比賽後，他被活活鞭打致死。這第二組雕塑也可能是阿格里帕對那些在隔壁大廳中競逐獎項、充滿渴望的表演者溫和而詼諧的評論。

阿格里帕的青銅雕塑提醒我們，他熱心公益並不僅僅表現在捐助建築上。他本人還提供資金，以便向市民派發穀物和昂貴的橄欖油。在以弗所(如同第二章

圖8 表示向阿諾巴爾・魯富斯致敬的銘文，露天劇場，大勒浦克斯

所描繪的），卡約・維比烏斯・撒路塔里斯資助了一個盛大的遊行式，以向阿耳忒彌斯和圖拉真皇帝表示敬意。其他捐資人則力圖推廣其城市的文化活動。在公元二世紀20年代中期，卡約・尤利烏斯・德謨斯梯尼，土耳其西南部名不見經傳的俄伊諾安達市的一位富裕公民，提出要出資創辦一個四年一度的文化節，節日為期三周，包括詩歌朗誦、喜劇和悲劇表演、伴奏歌唱和演說比賽，並將以他的名字將該文化節命名為德謨斯梯尼亞節。記錄德謨斯梯尼善舉和德謨斯梯尼亞節安排的銘文小心謹慎地指出，這一計劃得到了哈德良皇帝本人的批准和市政議事會的熱情讚揚：

　　議事會表揚了德謨斯梯尼對家鄉慷慨的善意和對榮譽的熱愛，他無與倫比的高尚行為，以及他對有神明護佑的諸皇帝的忠心，並授予他諸般榮譽。議事

會還通過法令，以各種方式裝點節日，並且不折不扣地履行對於批准節日舉行的皇帝的忠誠。

　　和誇耀的銘文相配的是理想化的形象刻劃。城市名流的正式肖像充斥於每座城市的公共空間，使旁觀者對其剛毅和充滿社會優越感的安詳神態留下深刻的印象。在阿爾及利亞的葵庫爾，在市政議事會投票決定給科西尼烏斯兄弟立像、特別是表彰哥哥盧西烏斯的「慷慨大方」時，是弟弟卡約出資將雕像建在市場大門口的兩側。在敘利亞的阿帕梅亞，在新建浴池正面齊人高的部位固定着一系列結實的石頭托座，上面安放着慷慨資助整個建築群的盧西烏斯‧尤利烏斯‧阿格里帕的大理石雕像。這些俯視着所有行人的多個雕像，是由那些對這位顯要人物的資助滿懷感激之情的人們敬獻的。他們高興地公開稱讚他為「締造者、保護者和恩人」。

　　在整個帝國的城市中，名流們對令人羨慕的名譽的大肆炫耀被永久地刻鑿在了石頭上。那些乍看上去可能會讓我們覺得是一種得意的自我滿足，要是理解成顯貴家族宣傳自己優越地位的迫切需要可能會更恰當。這是一個善變的社會，個人的地位需要不斷地得到確認。對幾近傾囊而出的慷慨姿態的永久紀念確立了一個標準，對手和新來者都必須按照這樣的標準來競爭。

對成功的慶祝在公共場所和私人場所都有所體現。在今突尼斯的斯米拉特保存了一幢鄉村別墅的遺跡，裏面一幅公元3世紀的精美鑲嵌畫使當時看見它的人不得不想到，他們自己在那個世界上處於甚麼地位。畫中房子的主人馬格里烏斯衣着華麗，正帶頭獵捕野獸。畫面抓住了他慷慨資助的鬥獸表演的瞬間，使所有來訪者都能看到，這一突出的展示就如同一張表現和國王或者總統會見的現代照片。名為馬美提努斯、斯皮塔拉、布拉里烏斯和希拉里努斯的四名角鬥士戰勝了四頭豹子，它們的名字分別為克里斯皮努斯、羅馬努斯、恣意者和勝利者(但在這裏顯然名不副實)。在畫面中央站着一名僕人，端着一個大銀盤，上面放着四個鼓鼓囊囊的錢袋。鑲嵌畫中間的長篇銘文記錄了觀眾的歡呼，證明馬格里烏斯的同胞們認可他的慷慨大方是其財富和地位的象徵。毋庸置疑，觀眾的歡呼給比他地位低的人留下了深刻的印象，同時使和他地位相當的人停下來反思他們自己和他們家庭對公共榮譽的追求。所有人都會感受到表示讚賞的觀眾富有節奏的呼喊聲的力量，他們不斷重複歌唱着他們贊助者的名字：「馬格里烏斯！馬格里烏斯！」在馬格里烏斯的鄉間別墅裏，紀念其成就的巨幅鑲嵌畫精心保存了這個廣受公眾讚美的珍貴時刻，以供特許的個人觀賞。它試圖讓一個表示具有無可爭議的社會優越性的瞬間永久流傳下去。「富有即如此！權貴即如此！」

忠誠的限度

很難確定，地方精英階層的行為是主要出於對羅馬帝國發自內心深處的忠心，還是出於在帝國體制中對他們自己地位的實際提升的關心。在一個通過血腥征服建立起來的帝國中，公開反對或反叛會招致迅速而果斷的鎮壓。如果只說「贏得人心」、「忠誠」或是「熱情」，而不談這些東西必然會迅速轉變為對實際利益更為赤裸裸的算計或更為急迫的追求，那是有問題的。一味宣稱羅馬「文明」帶來的好處的說法同樣也是值得懷疑的。在為從公元77年起擔任不列顛總督的克內烏斯·尤利烏斯·阿格里科拉撰寫的傳記中，歷史學家科爾內琉斯·塔西佗嘲諷了帝國的擴張。在這個遙遠的行省，阿格里科拉力圖推進城市化，建造羅馬風格的房子和神廟，教導當地名流之子學習希臘語和拉丁語，鼓勵穿羅馬長袍而非粗人穿的褲子。塔西佗評論道：「至於不列顛人，他們沒有經歷過這些他們稱之為文明的東西，雖然實際上這是他們受奴役的一部分。」

大體而言，絕大部分行省居民會反對如此刻板的分析。他們對帝國的感受要複雜得多，不是簡單地在實行羅馬統治方面充當機會主義的同謀和不可避免地受到征服力量的壓迫之間進行非此即彼的選擇。在公元3世紀早期，哈德魯梅圖姆（今突尼斯沿海的蘇塞）

圖9　表示向馬格里烏斯致敬的鑲嵌畫，出自他在斯米特拉的鄉間別墅，
　　　現藏蘇塞博物館，突尼斯

圖10 在哈德魯梅圖姆（今突尼斯的蘇塞）一個住宅裏描繪維吉爾和繆斯女
　　神的鑲嵌畫，現藏於巴爾多博物館，突尼斯

的一個富有居民為他的房子定製了一系列精美的鑲嵌畫。其中一幅描繪詩人維吉爾端坐着，手持一攤開的書卷，可以看清的內容是《埃涅阿斯紀》開頭的詩句。在維吉爾身後站立着墨爾波墨涅和卡利俄珀，她們是分別掌管悲劇和史詩的繆斯女神。卡利俄珀正在讀一卷書，而墨爾波墨涅則手持悲劇面具，全神貫注地傾聽着。詩人表現出沉思和嚴肅的神態，雙腳踏着擱腳凳，端坐在椅子上。

我們如何理解這幅描繪羅馬最偉大詩人的鑲嵌畫呢？可以把它看成是一個證據，表明非洲精英階層完全吸收了羅馬帝國意識形態的關鍵要素，但也有其他的可能性。在遠離羅馬城的北非 —— 即被擊敗的迦太基所屬的北非 —— 人們可能對埃涅阿斯的故事有着不同的理解。在這裏，也許不是所有人都贊同埃涅阿斯拋棄狄多，或是接受其神聖使命可以作為他行為的辯護理由。我們不應該簡單地假定，哈德魯梅圖姆這位維吉爾鑲嵌畫的定製者毫不懷疑地支持羅馬帝國的意識形態及其所宣稱的「保障和平、推行法治、寬容被征服者、剷除傲慢者」。也許，當他在宴會之後向朋友吟誦《埃涅阿斯紀》的時候，我們可以想像這位富有的非洲人更為同情被擊敗的迦太基王后狄多，而非得勝的羅馬人埃涅阿斯。

對於地中海世界享有地方權勢的人來說，接受獨特的羅馬習俗的過程與其說是消極默認的過程，不如

説是不可避免地——同時也通常是有利可圖地——和統治力量進行調和的過程。這種調和可能也允許維持地方上的傳統和情感，不一定把它們看成是公開反抗的表示。毫無疑問，維吉爾鑲嵌畫的定製者慷慨地支持了公共建築計劃，把哈德魯梅圖姆的市政廣場裝扮得更為壯觀。和比提尼亞–本都的狄奧・克里索斯托姆一樣，他可能也在市政議事會裏擔任過高級職位。他一定也想讓同伴看到他熟讀經典拉丁作品的樣子。

如果對於帝國共同文化的這種熱情和對迦太基曾經統治北非的承認同時並存的話，那麼也不應該認為這種熱情在減少或是在衰退。畢竟，羅馬帝國的統治依賴於地方和帝國利益的結合，這既有利於統治者，也有利於被統治者。考慮到這一點，塔西佗對於文明和野蠻之間僅一步之遙的嘲諷敏銳地捕捉到了這一點。儘管帶來明顯的好處，但也可以合理地懷疑，如果沒有武力支持的話，或者說如果不是把擁有或者宣傳帝國文化看成是緩和帝國奴役這一嚴酷現實的有效手段的話，統一的帝國文化的確立是否會如此迅速或者成功。

儘管很少付諸行動，但羅馬隨時都有可能報復它覺察到的行省的反抗，這種威脅就像一片暴風雲飄蕩在帝國諸城的上空。無論精英分子多麼嫻熟地在當地維持其影響力，他們能享有特權地位恰恰是因為他們一直情願充當羅馬統治的代理人。在面臨羅馬報復

時，地方的特權地位、甚至羅馬公民權也不起多大作用。公元一世紀60年代，後來當上皇帝的加爾巴在西班牙擔任總督期間下令把一名被判有罪的投毒者連同其他罪犯一起釘死在十字架上。這名罪犯對判決提出上訴，理由是他是羅馬公民，加爾巴公開承認了他的優越地位，下令說，把處死他的十字架架得更高些，並漆成白色。

「你需要模仿演員」，希臘哲學家和散文家普魯塔克(狄奧·克里索斯托姆的同時代人)這樣勸告一個朋友和有抱負的地方政客：不要過度相信你自己的地位是穩固的。嚴格按照你的劇本表演，「不要超出當權者許可的節奏和韻律的自由度」。普魯塔克勸告說，在擔任城市官職時，明智的做法是回憶公元前五世紀偉大的雅典政治家伯里克利經常對自己重複的話：「伯里克利，小心點，你統治的是自由人，你統治的是希臘人，是雅典公民。」此外，你應該對自己說：「你是統治者，也是被統治者，你統治的城市受總督的管轄，他們是皇帝的代理人。」互利也是有限度的。當迫不得已時，地方精英——儘管他們十分珍視自治並艱難獲得了羅馬公民權——還是要聽帝國號令。成功的城市領袖可能會同意普魯塔克明智的評論：對你的地位「不要太驕傲和信任」，永遠記住在處理你自己和你城市的事務時，把「羅馬總督的靴子懸掛在你頭上」。

第四章
歷史的較量

基礎與帝國

公元二世紀30年代，羅馬皇帝哈德良入侵雅典。這是一場不流血的戰爭：皇帝對地中海東部這個文化都城的攻擊，不是依靠精銳的羅馬軍團或是優良的軍事供給，而是依靠建築工人和細緻的城市規劃。哈德良一直誇耀自己對希臘文化的熱愛。他是首位以遊覽者而非作戰將軍身份廣泛巡遊帝國行省的皇帝，他也是首位對地中海東部世界的古代歷史和紀念建築物產生持久和濃厚興趣的皇帝。

在雅典，哈德良的新圖書館矗立在市中心，使古代市政廣場上的其他建築相形見絀。600年前（當羅馬甚至還在奮力控制意大利中部的時候），雅典公民聚集在這裏，處理一個民主國家的司法和行政事務。圖書館圍成了一個四方院，四周被一個有100根柱子的巨大柱廊環繞着。柱廊的建築材料是採自小亞細亞採石場的紫羅蘭紋理的弗里吉亞大理石；圖書館內部裝有閃閃發光的鍍金天花板，並奢侈地飾以珍奇的畫作和雕

塑，還配以價值不菲的半透明的雪花石膏。這是最為華麗的皇家建築。哈德良圖書館公開以巴羅克式的宏偉華麗為榮。矗立在希臘世界最著名城市中心的這座圖書館明白無誤地昭示着羅馬的財富和權力。

在雅典，哈德良還建成了羅馬帝國所建造的最大神廟之一。奧林匹亞神廟 —— 奧林匹亞宙斯的偉大神廟 —— 開始建造於公元前六世紀（還在雅典成為完全的民主政體之前）。建築工程時斷時續，且耗資巨大，最近一位贊助者是早哈德良一個世紀的奧古斯都皇帝。在公元131年至132年巡遊雅典時，哈德良親自出席神廟的落成典禮，敬獻了一尊由黃金和象牙鑲成的巨大的宙斯雕像。儘管這個建築群現在只剩殘垣斷壁，宙斯的巨大雕像也早已丟失，但是現代的參觀者仍能明顯感受到它的宏偉與壯觀。在奧林匹亞神廟後面高聳的衛城上清晰可見的是帕提農神廟。這座獻給雅典娜的近乎完美的神廟建成於公元前五世紀30年代 —— 民主雅典當時正在最偉大的政治家伯里克利領導之下。帕提農神廟高聳於城市之上，它是雅典獨立的永恆象徵，讓人們想起古代世界最出色的政治試驗之一。哈德良對雅典歷史的帝國式挑戰不僅僅體現在建築上。奧林匹亞神廟的落成同時也標誌着一個新的希臘城市組織的開端，即泛希臘聯盟的成立。這個聯盟涵蓋了五個羅馬行省，遠遠超出希臘本土的範圍，包括了馬其頓、色雷斯、小亞細亞、克里特、羅

得島和北非的眾多城市。聯盟由一名高級行政官員和一個代表委員會主持，後者由成員城市從其最優秀的公民中選舉產生。哈德良所設想的是一個永久的國際聯盟，不僅包含雅典、斯巴達、科林斯和阿戈斯等古城，而且還包括地中海東部那些能夠證明和「古老希臘」具有密切聯繫的城市。

一些城市試圖從神秘的歷史中尋找證據來證明它們的希臘身份。在泛希臘聯盟建立三年之後發佈的一份官方公報中，哈德良親自參與解決了昔蘭尼(位於利比亞沿海的肥沃高地上)和托勒邁–巴卡(昔蘭尼以西大約90公里處)之間的爭論。昔蘭尼的希臘身份毋庸置疑，它是在公元前7世紀後期由來自提拉(今錫拉島)的希臘殖民者建立的。哈德良同時確認托勒邁–巴卡也應被接納進泛希臘聯盟，他用鏗鏘有力的語言說，這個城市的公民是「真正的希臘出身」。但是，哈德良指示該城市選派一名代表參加代表委員會，而昔蘭尼則被允許選派兩名。哈德良的裁決可能反映了古代歷史：托勒邁–巴卡建於公元前六世紀中期，不是直接由希臘人建立，而是由昔蘭尼的殖民者建立。皇帝裁定昔蘭尼和希臘有更緊密的聯繫。這一裁定被刻成銘文，並被驕傲地展示出來，昔蘭尼不再需要進一步提供證明其真實性的證據了。

其他城市也力圖確保它們在這個只有少數城市才能共享的希臘歷史中佔有一席之地。公元一世紀早期

圖11 雅典的奧林匹亞神廟，背後是雅典衛城和帕提農神廟

的地理學家斯特拉博引證說，位於今土耳其西南部的
克比拉不是希臘人建立的城市。過了一個世紀之後，
為了順利地加入泛希臘聯盟，該市虛構了一種關於其
起源的完全不同的說法，把它和斯巴達及雅典緊密聯
繫起來。這個虛構的說法很有說服力。泛希臘聯盟的
成員急於串通起來，接受克比拉對自己身份的誇張虛
構，說它是：

> 斯巴達人的殖民地，並且和雅典有聯繫，對羅馬態
> 度友好，在希臘的共同體（即泛希臘聯盟）中屬亞洲
> 行省裏最出名、最偉大的城市，因為它的祖先是希

臘人，它自古就和羅馬人友善，也因為神明哈德良授予它偉大的特權。

哈德良的泛希臘聯盟重塑了希臘世界。它把在過去從未聯繫在一起而且事實上經常相互敵對的城市融合進了一個單一的體制框架內。雅典被確定為泛希臘聯盟的總部所在地。哈德良在這裏設立了一個四年一度的宗教節日，稱為泛希臘節。首屆節日在公元137年舉行。此外，他還創立了哈德良節(和皇帝崇拜相關的節日)以及奧林匹亞節(和奧林匹亞宙斯相關的節日)。這三個節日都安排了各自的「神聖競賽」，各項體育和文化競賽中的獲勝者在他們的城市獲得重要特權，包括標誌他們勝利歸來的遊行、較大數額的免稅以及公費就餐等。哈德良還給予了泛雅典娜節相同的地位，據說這個崇拜雅典娜的古老節日是由傳說中雅典的建立者忒修斯創立的。忒修斯因在克里特殺死米諾牛，逃出迷宮而贏得了名聲，他歸來之後便開始統治雅典。

在一個城市中集中了四個神聖的節日，這在整個希臘歷史上沒有先例，這說明雅典在這個改編和修訂過的希臘歷史中的中心地位。對這座城市的大規模重建——它現在比其他任何城市都更具希臘特徵——在剛剛完工的奧林匹亞宙斯神廟的落成典禮中得到慶祝。神廟入口兩側安放着四尊哈德良的雕像，兩尊大理石的，兩尊斑岩的(出自埃及的一種堅硬的深紫色石

料，自法老時代起就和統治權聯繫在一起）。在神廟後面聳立著哈德良的一尊巨型雕像，這是雅典人敬獻給他的。神廟裏放滿了奧林匹亞哈德良的青銅像，它們是希臘各地的城市敬獻的。所有這一切傳達的信息十分清楚。在雅典發掘出來的近100座祭壇上的銘文幾乎完全一樣，重複不斷地讚揚哈德良是「救世主、締造者和奧林匹歐斯」。現在佔據著雅典象徵和宗教中心的地方，就是被這位皇帝的雕像所包圍的哈德良奧林匹亞神廟，而不是伯里克利修建的帕提農神廟。

其他希臘城市重複著哈德良推動的希臘復興這一經久不衰的主題。我們知道，地中海東部共有21座城市慶祝過名為哈德良節的節日，15座城市採用了「哈德良」作為其附稱，九座城市改稱為「哈德良城」。在哈德良統治下，地方和帝國一起充滿熱情地創造了希臘世界前所未有的統一，實現了文化上的融合。公元二世紀，在希臘諸城興起的對其共同遺產的關注幫助它們忘卻了舊日的衝突。在600年前，雅典及其盟邦在伯羅奔尼撒戰爭結束時為斯巴達打敗的事實應被抹去；同樣，亞歷山大大帝的父親、馬其頓的菲力浦在公元前四世紀征服雅典的事實也應從記憶中抹去。同時，破碎的歷史也應被忘卻。哈德良的善舉確保了雅典成為偉大的新泛希臘世界無可爭議的首都，這個泛希臘世界從小亞細亞一直延伸到北非。最終，一個羅馬皇帝在希臘史上失敗的地方取得了成功。

夢縈希臘

　　也許並不令人吃驚，並非所有人都歡迎羅馬帝國對希臘歷史的激進改寫。在公元二世紀70年代後期，即哈德良去世二三十年後，出生於位於今土耳其西部的呂底亞的保薩尼阿斯終於完成了他的《希臘志》，這是將近20年廣泛遊歷和詳盡研究的結果。在《希臘志》中，保薩尼阿斯計劃引領讀者領略「全部的希臘風景」。一系列精心規劃的路線始於雅典，然後橫穿伯羅奔尼撒半島和希臘南部大陸。保薩尼阿斯尤其感興趣的是各種聖地，它們的歷史及其紀念物。大體而言，他對自己遊歷過的幾百個遺址的記載是詳細和準確的，其可信度得到了現代考古發掘的反復驗證。保薩尼阿斯對邁錫尼獅子門的記敘、有關阿伽門農及其他荷馬史詩中的英雄墓葬位於「城牆以內」的判斷，啟發了海因里希·謝里曼在1876年發掘了上城。這是希臘境內最引人注目的考古發現之一。重要的不是謝里曼發現的漂亮黃金墓葬面罩以及貴重的隨葬品是否真正屬特洛伊戰爭的勝利者，而是保薩尼阿斯可靠地記載了古老的墓葬傳統，當他遊歷邁錫尼的殘垣斷壁時，這一墓葬傳統已經有1,700年的歷史了。

　　和任何優秀的導遊一樣，保薩尼阿斯並沒有提供一個所有可以遊覽景點的清單，而是提供了他對所遊歷的領土的個人感悟，他的《希臘志》提供了一個關

於「所有最值得提及的事情」的系統概述，「一個對最值得注意的事物的精選」，它們應該會吸引那些試圖理解羅馬統治之下的希臘的人。保薩尼阿斯注意到了哈德良在雅典的建築計劃，並讚揚他「對於各種臣民的安康作出了巨大貢獻」，但他的注意力牢牢集中在古代遺跡上。在市政廣場上，他流連在那些標誌着城市建立、慶祝忒修斯英雄行為、以及紀念雅典在公元前五世紀抵抗波斯入侵中所起核心作用的建築之間，但很少提及羅馬征服希臘之後興建的建築，只是約略提及了哈德良的新圖書館。

保薩尼阿斯對奧林匹亞神廟進行了較詳細的描述，不過只有不到三分之一的篇幅用於記敘不久前哈德良完成其建造一事。沒有時間去讚歎和注視一位羅馬皇帝的成就，重要的只是這些成就讓人想起了傳說中的希臘的過去。讀者不是被引導去觀看神廟高大的柱子，或是敬畏地凝視四周的哈德良青銅雕像，而是被巧妙地引去參觀一個寬約40厘米的坑凹的邊緣。在保薩尼阿斯看來，這是任何對「所有希臘事物」感興趣的人應該看的。它把旅遊者及讀者引向希臘歷史的起源。這是曾經吞噬了世界的大洪水及其倖存者丟卡利翁的紀念遺址。丟卡利翁的兒子希倫是希臘民族最早的祖先。據說奧林匹亞神廟附近的坑凹是洪水最終退卻的聚水坑。比起宏偉的宙斯神廟和宣稱以「救世主和締造者」身份重新建立起泛希臘世界的羅馬皇帝

雕像，這裏和「古老希臘」的聯繫更為密切。

保薩尼阿斯的雅典遊記對哈德良作出了恰當的評價。他拿哈德良對希臘文化的修復工作同留存下來的原始遺跡作對比，揭示出後者明顯要優於前者。從市政廣場走到雅典衛城，保薩尼阿斯只是順帶提及一尊哈德良的雕像被安置在帕提農神廟中。毫無疑問，這雕像只值得隨便看上一眼，之後保薩尼阿斯花了長得多的篇幅描述公元前五世紀的雅典娜的巨型黃金象牙雕像，當時它仍聳立在神廟內部「：雅典娜的神像站立着……她手持一個高達四肘尺（兩米）的象徵勝利的雕像，另一隻手拿着一根長矛。一個盾牌放在她的腳下，一條蟒蛇盤繞在長矛旁。」對於逝去的古典時代的這種沉思也不應該被打斷。因為在保薩尼阿斯遊覽衛城近兩個世紀之前，在帕提農神廟的正前方建造了一座將近10米高的敬獻給羅馬和奧古斯都皇帝的圓形神廟，它阻擋了人們清楚觀看帕提農神廟東面的視線。保薩尼阿斯的《希臘志》根本沒有提及這個建築。在這本「所有希臘事物」的導遊手冊中，這個羅馬建築明顯破壞了古代景觀，簡直就應該被除去。

在雅典之外，保薩尼阿斯故意忽略了新近引入原初希臘世界的事物，這一點表現得更為明顯。他很少描述公元前三世紀之後的建築。在科林斯，城市的大部分都被悄悄地忽略了。公元前146年，這座城市被得勝的羅馬軍隊摧毀，只是在一個世紀之後才由尤利烏

圖12 雅典衛城上羅馬奧古斯都神廟的遺跡，位於帕提農神廟東面的前端

斯·愷撒重建。值得提及的是關於科林斯國王、神明和英雄的古老故事。在這裏，敬獻給「闖入者」雅典娜的一個古老神廟紀念着柏勒羅豐。雅典娜第一個給帕加蘇斯——柏勒羅豐的力大無窮的帶翼戰馬——套上了籠頭。在遊覽帕特萊(位於科林斯灣南部沿海的今帕特拉斯)時，保薩尼阿斯注意到，奧古斯都皇帝大規模地擴建了該城，徹底摧毀了周圍的定居點，並將那裏的居民遷往他處。對保薩尼阿斯這樣細心的觀察者來說，這一破壞的後果顯露無遺，至今都令人痛心。在往內陸15公里處的腓萊(曾經是獨立的城市，但後來

為帕特萊所管轄），一片神聖的樹林遭到了破壞：「這裏既沒有神廟，也沒有神像，當地人告訴我說，神像被運到羅馬去了。」

這明顯是被征服的標誌；這樣的標誌最好在遊覽被征服前更鬱鬱蔥蔥、更令人愉快的土地上迅速地忘記。對於同行的旅行者，保薩尼阿斯通過想像中的希臘給了大家一次愉快的旅行經歷。和哈德良的泛希臘聯盟一樣，保薩尼阿斯的希臘比起原初的希臘更具希臘性，他的希臘是對於過去從未存在過的東西的一種懷舊式的渴望，是對於歷史應該怎樣的一種想像：一個以雅典為中心的團結起來的希臘。(那些在公元前五世紀末和斯巴達結盟並打敗雅典的城邦被斥為「謀殺者和希臘事實上的毀滅者」。)尤其是，保薩尼阿斯的《希臘志》描繪了一系列彼此關聯的古城舊地，通過一個知識淵博的能夠發現「所有希臘事物」的嚮導，好奇的旅行者能夠很好地理解這些古地各自的特色。和哈德良的泛希臘聯盟不同，這個理想化希臘的整體性和完整性不是通過羅馬皇帝的命令來劃定的，而是深深植根於對於其自身起源、宗教和神話的原初感覺。

比較歷史

如果説保薩尼阿斯試圖刪去外族征服對神奇的古典景觀明顯的影響，歷史學家、哲學家普魯塔克——

同樣是回應新的帝國力量對於古老世界的入侵——卻試圖調和、比較希臘人和羅馬人的風俗和歷史。在公元二世紀初的20年裏(跨越圖拉真和哈德良在位的時間)，普魯塔克完成了希臘羅馬名人的46篇傳記，並把它們成對並列起來。

例如，亞歷山大大帝和尤利烏斯·愷撒的傳記並列在一起，傑出的雅典政治家伯里克利和「拖延者」費邊·馬克西姆斯的傳記並列在一起，後者在第二次布匿戰爭中迫使漢尼拔撤離意大利；還有，忒修斯(雅典的建立者)和羅慕路斯(羅馬的建立者)並列在一起。

這些《比較傳記》的主要目的是通過描述一系列的歷史事件，鼓勵讀者思考其中所涉及的道德問題。普魯塔克集中關注政治家和軍事將領的傳記，是因為他堅信他們的性格在其行動中表現得最為清楚。作為一個整體，這些成對的傳記吸引讀者思考特定的問題：如何控制激烈的情緒(憤怒、欲望和野心)，如何評價成長和教育的影響，如何體現人性、寬容和憐憫。希臘人和羅馬人都提供了正面的和反面的例子。伯里克利和費邊是英明政治家的榜樣，他們在面臨戰爭危險的時候，冷靜地面對不滿的群眾。亞歷山大大帝和尤利烏斯·愷撒的例子促使讀者討論個人野心的利弊。他們的比較傳記揭示，對權力和榮譽的欲望能激發偉大的行為，但也能夠導致災難。

普魯塔克的出發點在於表現一系列道德爭論，以

教化讀者，因此對於材料的選擇和安排就特別重要。他的用心最為明顯地體現在每組傳記結尾的正式比較之中。在《羅慕路斯傳》中，普魯塔克質疑古人對於這位羅馬建立者的批評：據說在如何選擇新城市地點發生激烈爭論時，羅慕路斯殺死了他的孿生兄弟雷慕斯。但是羅慕路斯「非理性的憤怒、其武斷而不假思索的惱怒」不可忽視。在普魯塔克看來，是羅慕路斯不加控制的行為促使他的一個同伴當場殺死了雷慕斯。和這個事件相似的是希臘一件著名的家庭糾紛案。此案起因是忒修斯之妻菲德拉對繼子希波呂托斯的指控。她宣稱希波呂托斯想要強暴她。忒修斯毫不懷疑妻子的話，粗暴對待並且詛咒自己的兒子，拒絕相信他說自己是無辜的辯解。（實際上，是菲德拉引誘希波呂托斯，在遭到拒絕之後試圖報復。）普魯塔克認為，儘管忒修斯同樣犯有「非理性的憤怒」的過錯，但他是「被愛、嫉妒和女人的惡言中傷所害，很少男人能不受這些情感和語言的影響。」最為重要的是（至少普魯塔克相信的說法如此），忒修斯無法克制的憤怒僅僅導致了出言不公，而羅慕路斯的憤怒則引發了他朋友的殺戮行為。普魯塔克得出結論說：「出於以上原因，我們應該投忒修斯一票，」即是說，他更喜歡雅典的建立者，而不是羅馬的建立者。

在進行如此困難的評判時，普魯塔克嚴格遵守了傳統的希臘倫理觀念。其中一個關鍵的文本是柏拉圖

的《理想國》，該書描繪了這位偉大雅典哲學家建立理想社會的藍圖。柏拉圖最為關心的事情之一就是自製力。他認為，對於實幹家而言，為了能激發戰爭中的勇氣，一定程度的憤怒是必要的。但是對於道德高尚的人來說，必須永遠用鎮靜克制憤怒。說到底，儘管忒修斯離這樣的要求還有一定距離，但他比羅慕路斯更好地控制了狂怒的後果。控制情緒是教育的主要目標之一。普魯塔克稱讚羅慕路斯的繼承者、傳說早期羅馬七位君王中的第二位努馬，堅信他制定公正法律的能力源於其嚴格的自律：「他的修養是教育、堅韌不拔和哲學教育的結果……相信真正的勇氣在於通過理性克制自己的激情」。

　　如此看來，普魯塔克寫作的核心即是：刻劃一系列成對的希臘和羅馬人物形象，然後明確用希臘的倫理規範來評判他們。在某個層面上，《比較傳記》認為希臘和羅馬的政治軍事人物具有可比性。將兩邊的人物並列，把征服者和被征服者放在同等地位上來加以描述。當然歷史書寫也是最好和最有效地表達這一點的方式。（普魯塔克最晚的傳記是《尤利烏斯·愷撒傳》和《馬可·安東尼傳》。再晚就是要面對奧古斯都了，但能用哪個希臘人和他並列呢？）最為重要的是，普魯塔克認為，希臘人和羅馬人都能用一套單一的標準來評價，而這套標準是公開的和明確的希臘標準。也許並不令人吃驚的是，在總共23對人物傳記

中，有20對是從希臘人的傳記開始寫起的。就是說，在《比較傳記》中，是希臘的人物確定了撰寫羅馬人物的標準，是通過希臘的道德標準和哲學來評價個人的優缺點。總體說來，這些傳記提出了一個激進而引入注目的主張，即羅馬的歷史最好是從希臘的視角來理解。這樣便產生了一個有意思的悖論：在普魯塔克看來，傑出的羅馬人事實上是將傳統希臘美德付諸行動的好榜樣。

帝國歷史書寫的反擊

當然，把普魯塔克和保薩尼阿斯看成是羅馬統治的積極反對者就太過簡單化了。他們不會支持布狄卡和她領導的不列顛起義，也不會和馬薩達的最後一批猶太戰士一道自殺就義。他們的著作沒有煽動起叛亂，他們自己沒有激勵人們進行武裝反抗，也沒有皇帝想要鎮壓他們。事實上，普魯塔克(和地中海世界許多擁有土地的精英一樣)是帝國的受益者。他繼承了在希臘中部的比奧蒂亞田莊，在當地的喀羅尼亞城擔任高級市政官員，享有羅馬公民身份帶來的特權，並能和一些富有而有權勢的羅馬人保持着朋友關係。普魯塔克和保薩尼阿斯二人著作的有趣之處不在公開鼓勵抵制羅馬統治，而是這兩位作者明確意識到，帝國的擴張不僅在很大程度上導致了對政治、經濟和社會的

破壞，而且由此也對過去的歷史產生了重要的影響。的確，除了進行有效的行政管理、徵稅、維持法律和秩序外，統治階級力量的標誌之一(在血腥征服、重建和平和恢復繁榮很久之後)是為了自己的目的而有選擇性地改造其臣服民族歷史的能力。

公元二世紀早期，哈德良掀起了一場歷史的革命。凡是與慷慨的皇帝以及合作的城市精英階層形象不合的歷史都被刪去。哈德良在耶路撒冷的建築工程完全無視該城的猶太傳統。公元130年，在巡視猶地亞時，他在耶路撒冷建立了一個安置老兵的聚居地，稱之為埃利亞·卡皮托利那聚居地(埃利烏斯是哈德良皇帝的姓)。有人認為這一消滅耶路撒冷的決定是導致公元132–135年猶太起義的原因之一。關於這次起義，我們知之甚少。在一段時間裏，起義者在極具個人魅力的西蒙·本·科西巴(或稱巴爾·庫克巴)的領導下，成功地發動了一場遊擊戰。他們鑄造自己的錢幣，並宣佈要重建聖殿。但是起義最終沒有成功。哈德良本人親自指揮的一支羅馬大軍鎮壓了起義，並進行了殘酷的報復。一份記載說，50座城市和985個村莊被摧毀，50多萬起義者被屠殺。

羅馬人獲勝後，在耶路撒冷的建築工程繼續進行。新建市政廣場(位於許久以後建造的聖墓教堂區域)的主要建築是朱庇特神廟。在羅馬軍團於公元70年洗劫該城(羅馬提圖斯凱旋門上的浮雕慶祝的就是這一

勝利)之後的六十年裏，聖殿山遭到廢棄。現在它上面樹立起了兩尊雕像：一尊是朱庇特像，一尊是騎馬的哈德良像。令人吃驚的是，羅馬人嚴禁猶太人定居在該城及其領土上。經過重建和重新命名之後的耶路撒冷，把那些視它為至聖之地的人們拒之門外。他們被當作了永久的外來者。而徹底重建之後的埃利亞·卡皮托利那擁有一系列令人驚歎的新建築，現在完全成了哈德良的羅馬帝國的一部分。它反叛的歷史——就像猶太人自己一樣——完全被清除了。

哈德良對希臘歷史的態度則要溫和得多。即使如此，把他看成是個對所有希臘事物熱情而盲目的提倡者，則未免太過輕率。他對於雅典(以及對於地中海世界其他兩百多個城市)的驚人捐贈及其對於希臘歷史和文學的喜好，並不僅僅表現出他對希臘的深切熱愛。在帝國的城市裏，哈德良資助的建築工程以紀念碑的方式系統地表述了對歷史的一種特定理解方式。接着通過和皇帝本人的明確關聯，這種歷史和羅馬帝國的現在融為一體。人們以一種宏大的規模，尤其是在最宏偉的雅典奧林匹亞神廟，將哈德良皇帝和傳統的神明並列在了一起，他有理由宣稱他復興了對這些神明的崇拜。在斯米爾那，即位於今天土耳其愛琴海岸的伊茲密爾，一座新建的巨大神廟把哈德良和阿克拉依俄斯宙斯(「居於高處的」宙斯)緊密聯繫起來。在位於馬爾馬拉海南岸的庫茲科斯，哈德良本人的塑像從

另一座巨型宙斯神廟的三角牆上俯看着世間萬物。在位於今天敘利亞東部的巴爾米拉，哈德良皇帝和古老的巴阿爾沙明神和都拉赫隆神聯繫在了一起，現在他們在一個新建的宏偉神廟裏受到崇拜。

公民的熱情和私人的財富造就了這些工程。它們使得地方顯貴能夠把他們自己和皇帝聯繫起來，並宣稱他們在世界上的重要性。在斯米爾那，一篇讚頌美化該城的銘文列舉了25位重要公民和哈德良本人的捐贈。這種看似矛盾的情形無法迴避：它直接體現了征服在人們日常生活中產生的影響。臣屬一個帝國的現實就包含了這些內容。在公元二世紀早期的以弗所，卡約·維比烏斯·撒路塔里斯資助的每兩週一次的銀像遊行，把羅馬皇帝和有關當地英雄、建城者和神明的歷史聯繫在了一起。正如在第二章和第三章所探討的，這種皇帝和城市的緊密聯繫至關重要；但這種聯繫也涉及了對於羅馬至高無上地位的頌揚。在阿弗羅狄西亞，引人注目的裸體皇帝像使羅馬的權力能夠按照一種悠久的希臘傳統展示出來，但同時也把帝國的統治者和奧林匹斯諸神放在了同等地位。哈德良建立的泛希臘聯盟成員需要證明自己是古老希臘祖先的後裔(這點可能對於普魯塔克和保薩尼阿斯都很有吸引力)；但這也意味着他們勾結羅馬皇帝重現希臘世界原有的樣子。

普魯塔克和保薩尼阿斯反對的正是這種看似沒有

訴諸武力的羅馬入侵。針對於此，他們提供了一個不同版本的希臘歷史，一個同樣精心改造的版本。同樣，他們的反對和質疑也是有一定限度的。保薩尼阿斯的希臘（希臘大陸南部、阿提卡和伯羅奔尼撒半島）完全包含在羅馬的亞該亞行省之內，他的行程完全按照羅馬地理著作所勾勒的路線前行（對此任何生活在公元前五世紀的希臘人都不能理解），這等於是默認了其《希臘志》所試圖喚起的「古老希臘」直到羅馬統治之時才得以統一。與此相似，普魯塔克的《比較傳記》這一歷史著作也暗示，這位傳記作家和哲學家承認，羅馬帝國興起乃至穩固地統治世界才是最需要解釋的事情。

在公元一至二世紀，羅馬政權的壓迫性是不可避免的：無論是就當時還是就過去而言都是如此。總體而言，被征服者的反應從來不是簡單地勾結或是反對征服者，就像普魯塔克和保薩尼阿斯的例子所說明的那樣。（最終只是那些從未被征服的人才能夠輕鬆地這麼想）。即使如此，我們也不能因為缺乏公開反對羅馬的史料——除了猶太人反抗這個顯著的例外——而誤認為哈德良的建築運動沒有體現尖銳的矛盾。對羅馬皇帝來說，歷史是可以盜用的，可以把它重新加以改造，以便抹去征服的創傷，強調統治者和被統治者之間的親密關係。對一些希臘知識分子來說——試圖躲在象牙塔裏尋找舒服的避難所無疑是危險的——歷史

是唯一剩下來可以用來表達對解放的幻想或至少記住有解放的希望的地方。在保薩尼阿斯的希臘世界裏，沒有羅馬式建築；在普魯塔克的傳記中，希臘的倫理和哲學提供了對事件最好的解釋和正直生活的最好榜樣。歷史不可避免地成為帝國統治的受害者。在雅典這座哈德良留下印記最多的城市裏，一座典雅的凱旋門建在奧林匹亞神廟附近，用於紀念哈德良皇帝對雅典的慷慨捐助。在它的西面，一篇銘文宣稱：「這是雅典，從前是忒修斯的城市。」對於那些不明其意的人，它對面的一個口號再次申明了一點：「這是哈德良的城市，不是忒修斯的。」如同哈德良的其他許多建築一樣，這座凱旋門及其銘文可以理解成是對希臘歷史滿懷熱情的肯定。我們看到，在伯里克利的城市裏面，在泛希臘聯盟的總部所在地，一位羅馬皇帝巧妙地展示他的個人經歷，並把自己和這座城市的最初建立者並列在一起。或者，我們可以把哈德良宣稱自己的功績能和忒修斯最初建城的成就相提並論的說法理解成是帝國對希臘的過去和現在都享有統治權的公開宣言。

當然，兩種解釋都是可能的，兩種解讀也都是正確的。最終起作用的恰恰是這種不確定性。這種刻意為之的模糊性使地方精英可以用不違傳統習俗的方式向羅馬皇帝歡呼致敬，同時欣賞像普魯塔克和保薩尼阿斯這樣說希臘語的思想家複雜的歷史書寫。像哈德

圖13　雅典的哈德良凱旋門，背後是奧林匹亞神廟

良這樣的統治者會在自己的紀念建築上大肆宣揚其優
越地位並不令人吃驚。同樣，我們也可以預見到保薩
尼阿斯會在精心設計的雅典遊記中，對敬奉羅馬皇帝
的拱門——位於希臘世界的中心——完全視而不見。

第五章
讓基督徒餵獅子去

沙地上的鮮血

公元177年，在盧格杜魯姆（今法國南部的里昂），正值午休的時候，圓形角鬥場裏正在上演一齣有關基督徒的「好戲」。這些基督教的同伴後來記述了自己所目睹的一切。首先，馬圖魯斯和桑克圖斯被帶進角鬥場，受到各種折磨：他們被夾道鞭打，被野獸攻擊，忍受了狂熱的人群所要求的各種刑法。之後是阿塔魯斯和亞歷山大，他們也受盡折磨，最後被綁在一把燒紅的鐵椅上，皮肉都被燒焦。在節日的最後一天，女奴布朗蒂娜被帶進角鬥場。在遭到鞭打、獅子攻擊、火刑之後，她被扔進網裏，讓公牛攻擊。「在被公牛摔了幾下之後，她不再有痛苦的感覺，這是因為她有希望、堅定的信仰並且和基督有交流。」

對於公元二世紀的里昂居民來說，看基督徒受折磨是外出休閒的一部分，是娛樂活動的一部分，是表演的一部分。人群像獅子一樣吼叫。但同樣需要強調的是，在這件事裏（以及在許多其他有關暴力和殘忍的

故事裏)熱烈歡呼的旁觀者並非是一群由當地鄉巴佬和遊手好閒者組成的烏合之眾。他們不是一群歇斯底里的暴民,而是實實在在的良民。對他們而言,看公開組織的暴力活動是嚴肅而引人入勝的消遣。人們希望被社會遺棄的人(土匪、劫匪、罪犯、逃跑的奴隸)悲慘地死去,以供體面守法的人們享樂。與此相似,人們也希望職業的鬥士(角鬥士、野獸獵殺者)進行表演。一些觀眾對自己喜愛的鬥士的技巧、訓練和經歷了如指掌。對於另一些人而言,這些渾身都是打鬥傷疤的壯碩粗人則是其性幻想的對象。

　　所有去觀看角鬥比賽的人都全身心地投入其中。在羅馬,據說克勞狄皇帝對被殺者臨死時的痛苦表情極其着迷,以至於他下令把他們的臉扭過來面向他。實際上,根據帝王傳記作家蘇埃托尼烏斯的記敘,克勞狄(他本人身有殘疾)對於角鬥的暴力如此熱衷,以至於他會在拂曉前就趕到競技場,在下午人群中的絕大多數有錢人都回家午休後,仍不肯離去。

　　觀看角鬥比賽是羅馬人的一個習慣。在角鬥場裏,走到座位上要經過一連串複雜的昏暗過道、斜坡和陡直的臺階。就像19世紀最好的歌劇院一樣,這些盡可能確保了擁有最好座位的人能夠通過專用通道到達觀眾席。當觀眾眨着眼睛從黑暗中走出來時,他看到的是自己所屬的這個微觀社會,在陽光照耀下格外顯眼;人人都穿着節日的盛裝,按照精心排定的年

齡、地位、財富和職業等級就座。奧古斯都皇帝曾經下令，按照帝國的社會等級秩序安排角鬥場的座位。在行省城市里，市政議事會的成員佔據了最好的座位，然後是男性公民，已婚者和單身漢分席而坐；職業團體佔據指定的座位，具有公民權的少年擁有專門的區域。

毋庸置疑，實際上這一嚴格的等級劃分並不是那麼絕對（例如，達官貴人們可能邀請朋友和他們坐在一起），但其大致的目的是明確的：城市貧民可能會喧鬧不堪，因此他們中只有少部分人能到場觀看。在羅馬的大競技場裏，五萬個座位中的60%是留給富有公民的，只有後排20%的座位留給城市貧民、非公民和奴隸。其餘在層層座位頂端的空間，是幾排隱蔽的座位（從地面入口上來要爬220級臺階），這是分配給婦女的。圓形角鬥場嚴格的幾何形建築結構，極為方便地把人群分成明顯可辨的社會等級。人們在乎坐在哪裏，以及被他人看見坐在哪裏。

在羅馬，觀看角鬥比賽的皇帝主宰着一個等級分明的微型帝國。人群的歡呼是民眾對現政權支持的見證。皇帝坐在專用包廂裏，所有人都能清楚地看到他。尤利烏斯·愷撒和二世紀末期的皇帝馬可·奧勒利烏斯因為忙於批覆奏章忘記了觀賞角鬥表演而受到了強烈的批評。人們期望皇帝關心場上的角鬥，也關注觀眾群體。他們隨時都可能要求得到皇帝的恩

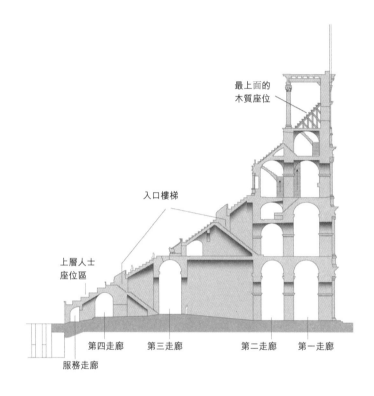

最上面的
木質座位

入口樓梯

上層人士
座位區

第四走廊　　　第三走廊　　　　第二走廊　　　第一走廊

服務走廊

圖14 羅馬大競技場剖面圖（復原圖）

賜，或者是大聲叫喊：「他擊中了！他贏了！」以
此歡呼致命一擊或是身受重傷的角鬥士當場斃命。角
鬥士不僅要被訓練得善於角鬥，而且還要以合適的方
式去死。他應該是挺胸，身子右傾，頭下垂，蹲坐在
武器之上。這是羅馬世界垂死的天鵝形象，是一種冷

酷的、正式的死亡方式。如果角鬥士不以這種方式死去，不滿的人群就會向他大發噓聲。

這種對生死攸關時刻的精心呈現是公開盛大演出的一部分，僅其組織本身就足以令人欽佩。對皇帝們而言，資助這些壯觀的表演可以向所有人表明，他們在財富和地位上都處於社會的頂峰。在贊許的人群面前，鮮血的任意流淌和大把揮撒金錢均對他們有利。公元前65年，在愷撒為自己父親葬禮舉辦的角鬥比賽中，角鬥士使用的是銀質鎧甲。在其他場合，鎧甲上可能鑲有珠寶，或是裝飾孔雀或鴕鳥羽毛。公元80年，羅馬大競技場落成時舉行了

100天的競技比賽，包括角鬥士決鬥、對9,000頭野獸的屠殺。提圖斯皇帝還款待觀眾。他向人群中拋擲小木球，每個小木球上都標有可以換取的獎品，包括食物、衣服、(對於少數幸運者)馬匹、銀器或是奴隸。

在角鬥士決鬥中投入驚人的時間、金錢和感情凸顯了它在展示羅馬統治地位方面的重要性。觀眾的歡呼和有節奏的歌唱既表明了他們的團結，又表明他們作為一個集體和那些在他們眼前被屠殺的人之間的距離。通過決定一個被擊敗的角鬥士的命運，觀眾斷言，他們對人類有着絕對的控制。關乎生死的角鬥活動是由社會安排的有節制的混亂瞬間，其目的在於強調社會自身的安定。從這個意義上説，角鬥場、受到

嚴密控制的人群以及角鬥場內各種殘忍的活動都體現了維護帝國統一的暴力和秩序。這些血腥的場景表明，暴力是一個有序社會不可迴避的一部分，正如戰爭曾經是建立帝國的必要部分一樣。

同樣重要的是，無論暴力和秩序能夠被多麼成功地濃縮在一個場地的表演中，它們從來都不能被完全區分開來的。把競技場地和觀眾隔離開來的堅實木柵欄標誌着一種分隔，但這種分隔可以被跨越、被混淆、被推翻或是被模糊。公元192年，元老院議員、歷史學家卡修斯·狄奧觀看了康茂德皇帝舉行的角鬥比賽，皇帝本人不僅主持了比賽，而且作為角鬥士親自上場決鬥：

> 競技會持續了14天。當皇帝陛下參加決鬥時，吾等元老院議員總是出席觀看……皇帝陛下對吾等元老做的一件事使我們有充分的理由相信我們的厄運即將來臨。他殺死一隻鴕鳥後，砍下它的頭，徑直來到我們坐的地方，左手提着鴕鳥頭，右手揮舞着血淋淋的寶劍。他沒有說話，但一邊咧着嘴笑，一邊搖着頭，好像是說，他會用同樣的方式對付我們。許多嘲笑他的人會當場被寶劍砍死（我們不是擔憂得不得了，而是笑得合不攏嘴），而如果我不是從花冠上摘下片桂樹葉放在口裏嚼的話，也會被砍死。我還勸說坐在旁邊的其他人也嚼他們的桂樹

葉，這樣通過下頜有規律的咀嚼運動，我們可以掩飾臉上嘲笑的表情。

根據卡修斯‧狄奧親眼所見，康茂德皇帝瘋狂地咧着嘴笑，手裏揮舞着砍下的鴕鳥頭，但很顯然，他站在了敵對的一面，這非常危險。狄奧後來把這描述成一個作為娛樂的滑稽場面，但當時更可能是滿心的恐懼和苦笑。一個皇帝向你揮舞砍下的頭其實並不好笑，除非他已經死了。狄奧和他的元老院同僚肯定嚇得半死。他們的恐懼並非沒有道理。在競技場上，羅馬的皇帝們不僅強調他們作為社會準則維護者的重要性，而且通過證明他們能夠不受任何懲罰地違反社會規則來強化他們的專制地位。

皇帝們位尊權重(而且公開如此)。和秩序井然地坐成一排排的觀眾不同，也和那些正因為是外來者而在角鬥中被殺的人不同，皇帝們可以為所欲為。他們能夠肆意地跨越暴力和秩序的界限。對於卡修斯‧狄奧和他的同僚來說，一個皇帝充當角鬥士的情景之所以令人恐怖，正是因為它暴露了他們作為元老院議員的弱點，也凸顯了規範對於維護他們地位的重要性。和皇帝不同，元老院議員沒有活動的社會空間。康茂德對於專制權力的強有力展示，威脅到了狄奧所代表的一切以及他為保障自己等級和位置所依賴的一切。在事後有可能嘲笑，但是在當場能笑得出來的唯有皇

帝本人。毫無疑問，他看到一排排遲鈍的元老院議員偷偷摸摸地咀嚼他們桂樹枝編織而成的花冠，還希望沒有被人發現，一定覺得好笑。

一個社會在閒暇時間的所作所為，是它試圖如何組織和管理自身世界的重要體現。人滿為患的角鬥場專為演出而建，它是頌揚秩序和暴力的地方，是公開展示羅馬社會和帝國權力的地方，是一個軍事化社會的成員在城市中不斷發動戰爭 —— 有時候是在他們內部 —— 的地方，即使在和平時期也是如此。就像中世紀北歐的大教堂一樣，角鬥場是羅馬帝國城市風景中最引人注目的地方。它和軍隊、稅收、法律以及行政一道，在帝國被征服的行省裏施加了一種明確可辨的秩序。在一座封閉的角鬥場範圍內，人們能夠毫不費力地重演、大聲地歡呼征服的殘忍過程(只是在這個時候)。血腥的場景使得整個帝國受到嚴格控制的老百姓能夠不離開他們城市的舒適環境參與戰爭。重要的是，在角鬥場裏，觀眾總是勝利者。

殉教者的隊伍

正是在這個羅馬社會試圖表演生與死、暴力與秩序、社會及其敵人的危險之地，許多基督徒心甘情願地從容赴死。殉教並不是基督教的發明，在猶太教裏就已有先例。但是基督教的殉教與眾不同，殉教者都

刻意尋求在無信仰而且懷有敵意的人群面前殉教。其可怕的過程發生在羅馬帝國城市中一個最重要的公共場所裏，並且和暴力與秩序的複雜混合體結合在一起，而這暴力與秩序的複雜混合體標誌着羅馬角鬥場上的角鬥經歷。

毫無疑問，殉教是極其血腥的場面。公元177年，在里昂歡呼基督徒被處死的人群目睹了其中一人在刑架上被肢解，一人被燒死在鐵椅上，第三人被公牛挑死，其餘的人則被扔給饑餓的獅子，被它們撕咬吞食。在秩序井然、成排端坐的角鬥場裏，在衣着講究的人群的眾目睽睽之下，將基督徒扔給獅子，以一種戲劇性的方式展現了羅馬多數人對於一個少數派別所具有的權力。然而，也沒有必要大驚小怪。在集中了地中海各地的野獸和歹徒並將其屠殺以饗觀眾的表演中間，把幾個基督徒扔給獅子不會引起太大的騷動。他們只是被展示、嘲弄和屠戮的另外一群不受歡迎的人。

但對於基督徒而言，殉教者遭受的折磨和死亡並不意味着敗在一個敵對無情的社會手下而打擊了教眾的士氣。殉教是一種勝利，是在羅馬社會選擇展示自己、證明其優越性的同樣地方進行公開反抗的戲劇性行為。對帝國城市中的基督徒而言，殉教成為肯定其信仰的象徵，是他們公然蔑視羅馬秩序的明證。公開承認信仰基督教以及以令人難忘的方式公開被處死，正是殉教者所說的成功的抗議行為，它對信仰者產生

號召力起着重要作用。其他的死亡方式不能使這種看似非理性的自我犧牲願望神聖化。

和反復無常的皇帝一樣，基督徒刻意尋求打破精心建構起來的處於角鬥競技核心的秩序和暴力之間的平衡。皇帝們以此顯示，他們大權在握，高高在上，不受世人的煩憂和規範的束縛；基督徒則以此宣佈，他們只關心來世。在公元二世紀早期，敘利亞安條克的主教依納爵在殉教時毫不妥協地宣稱：

> 在從敘利亞到羅馬的一路上，我都在和路上及海上的野獸搏鬥，不分晝夜……讓我承受大火和十字架、群獸的攻擊、撕裂、肢解、骨折、斷肢和整個身體的碎裂吧……因為我是上帝的小麥，野獸的牙齒把我咬碎，好讓我成為基督的白麵包。

尤其重要的是殉教的顛覆性力量。人們在教堂裏宣講殉教者遭受苦難的血腥故事，這些對於基督徒死亡的生動而詳細的描述，使得他們的勝利在每一次宣講中都得到了重複。公元二世紀50年代中期，斯米爾那(今伊茲密爾)主教波呂卡普在火刑柱上被燒死。根據那些宣稱目睹了此事的基督徒的描述：

> 火焰形成了穹隆的形狀，就像一艘船的風帆在風中張滿一樣，它像一堵牆圍繞着殉教者的身體。在火

焰中，他不是燃燒的肉體，而是烘烤的麵包，像是
金銀在熔爐中精煉。我們聞到了一陣濃香，仿佛是
熏香或是昂貴的香水。

基督徒的殉教顛覆了羅馬世界。在基督徒眼中，
殉教者傷殘的身體看起來很美。在基督徒聞起來，燒
焦的肉體散發出讓人難以抗拒的芬芳。美化是宣福的
必要前奏，而且重要的是，基督徒的殉教行為總是取
得勝利。

羅馬的應對

大體而言，羅馬人認為基督徒是個可笑的、也可
輕易犧牲掉的群體。在公元二世紀初，即「里昂殉教
者」從容赴死25年後，有人在羅馬市中心帕拉丁山丘
上帝國宮廷一座建築的牆上刻了一幅圖畫，表現的是
一個長着驢頭的人被釘死在十字架上。在十字架旁，
一個旁觀者舉起手臂作祈禱狀，十字架下方字跡潦草
的銘文(希臘文)寫道：「亞歷山大崇拜他的上帝。」
顯然這既非對基督教老練的批評，亦非對其尖銳的指
責。但它所表達的觀點(儘管粗糙)卻很明確：基督徒
可笑，亞歷山大是個笨蛋，他崇拜的神是一頭釘死在
十字架上的驢子。

米努丘斯‧菲力克斯，一個在三世紀早期進行寫

作的律師和基督教皈依者，以同樣的風格虛構了一名基督徒和一名異教徒之間的對話，其中包括他宣稱的基督徒經常受到的一些誹謗：

> 他們通過秘密符號和標記互相辨認。……我聽說他們聖化、遵從某種荒謬無知的信仰，崇拜驢頭，這是所有動物中最低級的。……新來者入教的故事廣為人知，也令人噁心。將要參加神聖儀式的人身旁放着一個用麵團包裹的嬰兒，以欺騙沒有疑心的人們。新入教的人被煽動擊打麵團表面，看似無害，卻以無形和隱秘的傷害殺死了嬰兒。他們貪婪地舔食嬰兒的鮮血，急切地撕碎他的四肢，這是邪惡的暴行。

　　無論把這看成是對早期基督教的描述，還是看成是普通羅馬人對基督教的真實看法，我們都不應該太過認真。（不過吃人的指控也許並不應該太令人吃驚。如果一個宗教的核心儀式涉及象徵性地餐食其創立者的血肉，那麼它很可能受到這樣的攻擊。）這段話所述事實的準確與否並不重要，重要的是，它純粹是誹謗。在這裏誹謗分出了敵我，並強化了群體的團結性——正如它通常所起的作用。這是小學生即已學會的經驗。在聽到誹謗的時候，我們通常更多地瞭解到那些誹謗者，而不是誹謗的對象。對一些羅馬人來說，攻擊基督徒從事古怪的、非人性的和反社會的活

圖15 帕拉丁山丘上男侍培訓廳裏的反基督教圖畫，該建築是皇宮的一部
分，羅馬

動，也是界定他們那個社會可以接受甚麼的一種方式。繪聲繪色地抨擊基督徒有助於建立明確的羅馬特性。

對許多人來說，最令人迷惑的是基督教殉教者堅拒參與羅馬社會，不願分享帝國帶來的益處，也無意向皇帝表示應有的尊敬。殉教者由宗教激發起來的對死亡的狂熱也着實令人難以理解。受到嚴格控制的遊行和節日對秩序井然的公民社會至關重要。與此相反，殉教作為公開表達信仰的一種方式，肯定讓當時的人覺得具有神秘色彩，但卻沒有甚麼吸引力。即使如此，總體上說，羅馬官方並不急於搜尋基督徒和迫害他們。在公元二世紀初，小普林尼在擔任比提尼亞－本都行省的總督期間，就面臨着這樣的困境。他懷疑基督徒們舉行的秘密集會和共餐有其邪惡的目的，並開始調查，還相應地處死了幾名拒絕放棄信仰的基督徒。然而正如在搜捕行巫者中經常發生的一樣，人們會利用新的指控來發洩舊的宿怨，因此指控大量地增加。接着有人向普林尼呈上一本沒有署名的小冊子，上面列舉了許多聲稱自己是基督徒的人。也許此時普林尼有點後悔去調查基督徒的事，因此奏請皇帝裁定。圖拉真的批覆既簡單，又很能說明問題。他指令普林尼不要再追查此事，不要再搜捕基督徒；應給予他們充分的機會，讓他們宣佈放棄其信仰；赦免那些聲明放棄信仰的基督徒；在任何情況下都不應理會匿名的指控。

公元180年，在里昂殉教三年之後，另一群基督徒被帶到了迦太基的羅馬總督面前。他們的領袖名叫斯帕拉圖斯。見證此事的基督徒後來以審訊記錄的形式記載了事情的經過：

總督：如果你們放棄邪思異志，你們便會獲得皇帝陛下的寬恕。

斯帕拉圖斯：我們從來沒有犯錯，從沒有參與任何邪惡的事情，也從沒有惡語傷人，在受到惡劣對待的時候，我們仍然感恩，因為我們尊奉我們自己的皇帝。

總督：我們也是很虔誠的人民，我們的宗教很簡單：我們向皇帝陛下宣誓，為他的安全祈禱，你們也應該這樣。

斯帕拉圖斯：我並不承認這個世界的帝國，但我服從上帝，凡人的眼睛從來沒有見到過他，也不可能見到。

總督：不要再接受這種信仰。

斯帕拉圖斯：但那樣做是邪惡的。總督：你堅持當一個基督徒嗎？斯帕拉圖斯：我是個基督徒。

總督：你不需要再有一點時間考慮嗎？

斯帕拉圖斯：正義是那麼顯而易見，沒甚麼可考慮的。總督：給你緩刑三十天，讓你再考慮考慮。

斯帕拉圖斯：我是個基督徒。

由於斯帕拉圖斯的言語越來越忤逆，總督雖然不情願，但還是被迫下令處死了他。這份文獻十分重要，表明至少對部分羅馬人而言，可以把基督徒看成是一個反社會的群體，他們經常吵嚷着要引起世人對他們的關注。就像斯帕拉圖斯的審訊所揭示的，由於羅馬人對他們漠不關心，許多基督徒不得不使出渾身解數，好讓他們自己被羅馬人抓去餵獅子。

　　總體説來，基督徒處於羅馬社會的邊緣，他們不是羅馬人關注的焦點。在公元二世紀80年代後期，興奮不已的人群團團圍住了亞細亞總督蓋尤斯·阿里烏斯·安東尼努斯的法庭，明確宣稱他們都是基督徒，並且希望總督立即判處他們死刑。安東尼努斯順着他們的意願，下令將其中幾人推出去處死，但是當其他人更為堅決地要求同樣的命運時，他惱怒地看着這群虔誠的基督徒，大聲喝道：「你們這群混蛋，如果你們想死，難道不能去跳崖或是上吊嗎？」

　　同樣重要的是，作為異教徒的羅馬人在誹謗、處決或僅僅無視基督徒的存在時，忽略了——或者乾脆是不願主動去認識——這個新宗教至關重要的一點。通過把基督徒和罪犯、強盜以及其他可惡之徒相提並論，羅馬人在思想上忽略了致使這一運動異乎尋常的因素。基督教是一種宗教，尤其是一種有經書的宗教。就像猶太教一樣（在羅馬人看來猶太教就是一種古怪但卻古老的異族迷信），基督徒也依賴於一系列神聖

的文本，他們相信這是上帝的話。正是這種對於經書的依賴使基督教與眾不同，它不是一個在面臨有國家支持的暴力就會輕易垮掉的反社會組織。

一系列宗教經典文本的確定對於早期基督教至關重要。《新約全書》似乎還沒有完全成書。在基督之後的兩個世紀裏，出現了不同的版本，人們試圖以不同的方式書寫上帝，由此而產生了激烈的爭論。這些爭論中的一個關鍵人物是馬西昂。他於公元二世紀初在羅馬撰寫的著述中提出，《舊約全書》中的猶太上帝和基督教上帝並不完全相同。就像他在名為《對立面》（書名取得恰如其份）一書中試圖證明的那樣，兩者的不一致之處實在太多。摩西的上帝創造了亞當和夏娃，從而讓邪惡得以進入這個世界。他安排了在馬西昂看來是令人蒙羞的性交繁育的過程、懷孕的不適以及分娩的痛苦。這個《舊約全書》的上帝並非是一個行善的仁慈榜樣，他讓先知以利沙對捉弄他的孩子發洩怒火，用熊傷害他們。他使太陽停在正午時刻，以便給予約書亞更好的機會去屠殺阿摩利人。他的無知明顯體現在他向伊甸園的亞當提的問題中：「亞當，你在哪兒？」馬西昂提出，人們不會想到一個萬能的神會問這類問題。這樣的神不可能保證基督教的救贖。《舊約全書》啟示的創造神使用嚴酷的法令，報復心極強，這和《新約全書》中允諾慷慨聖恩的上帝完全不同。

在馬西昂看來，《福音書》的作者們並沒有充分認識到這一區別。需要徹底重編《福音書》以明確此點。在其新編的《福音書》中，馬西昂完全屏棄了基督出生的故事。在他看來，不可想像上帝是由女人生的，不管這個女人是否是處女。他爭辯說，《四福音書》也導致了不必要的矛盾。因此他刪除了《馬太福音》、《馬可福音》、《約翰福音》，刪節了《路加福音》，增加了一些保羅的書信。自不待言，馬西昂的思想沒有被廣泛接受，他在公元144年被逐出羅馬的基督教會。這並不令人吃驚：畢竟馬西昂的著作觸及了這個新宗教的核心問題。如果基督教是基於一本經書，那麼這本經書應該是甚麼樣的呢？

在基督教會之外，圍繞創作一本以某種方式界定上帝的經書的這些爭論基本上被忽視了。當斯帕拉圖斯來到迦太基的總督面前時，他的胳膊上挎着一個小書包。總督問道：「書包裏裝的是甚麼？」斯帕拉圖斯回答說：「是書籍和保羅的書信，他是個公正的人。」但是總督並沒有表現出進一步的興趣。只是到了公元3世紀末，在基督教會已經成為分佈廣泛且組織完善的機構之後，這些文本的重要性才得到認可。公元303年審訊基督徒的另一份筆錄表明，羅馬官方在搜尋書籍。在奇爾塔（今阿爾及利亞的君士坦丁），市政議事會的領袖菲利克斯同當地教會的低級官員卡圖利努斯和馬爾庫克留斯有一番唇槍舌戰：

菲利克斯：交出你們帶着的經書，好讓我們遵守皇帝的命令和指揮。（卡圖利努斯拿出一本大書。）

菲利克斯：為甚麼你們只交出一本書？交出你們帶着的所有經書。

卡圖利努斯和馬爾庫克留斯：我們沒有了，因為我們只是助祭。經書在讀經師手中。

菲利克斯：如果你們不知道他們住在哪兒，那麼告訴我他們的名字。

卡圖利努斯和馬爾庫克留斯：我們不是叛徒；我們站在這裏，下令處死我們吧。

菲利克斯：逮捕他們。

但這不是殉教的事例。官方施加了壓力，兩名助祭改變了主意。最終市政長官找到了讀經師，帶着幾本宗教書籍滿意而歸。

這類審判屬戴克里先皇帝迫害基督徒的一招，這是羅馬政府壓制基督教最有效的手段。通過搜繳經書而不是抓人，戴克里先直擊了這個新宗教的核心。因此後來的基督教作家把這些歲月說成是「大迫害」時期，這並不令人吃驚。最終教會倖存了下來，因為在戴克里先需要應付的事情中，基督教的事並不特別急迫。到公元3世紀末，基督教已是個十分強大、團結緊密的組織，面對羅馬官方的搜繳，許多人都拿其他書來假冒他們的經書，瞞住了來搜繳的人。但是「大迫

害」的教訓非常重要。它向所有人揭示了，特別是向那些負責執行戴克里先命令的帝國官員表明，基督教依賴於經書。

君士坦丁皇帝也沒有忘記這一教訓。在公元312年，即戴克里先「大迫害」10年之後，君士坦丁成為第一個認可基督教的羅馬皇帝。隨後在公開表示支持他新近皈依的宗教時，君士坦丁說他所關注的一個關鍵問題就是確立牢固和可檢驗的信仰基礎，其目標是結束關於經書性質和數量的爭論，並定義基督教上帝。君士坦丁獲得了巨大的成功。面對關於基督神性的激烈爭論，他召集了第一次地中海範圍的全體主教會議。會議於公元325年6月在位於今土耳其西南部的湖濱小城尼西亞召開。出席尼西亞宗教會議的基督教領袖在君士坦丁的強迫下，首次草擬了「尼西亞信經」：

> 我們信：獨一天主全能的父，創造有形和無形萬物的主；獨一主耶穌基督，天主之子，為父所生的獨生子，這就是從父的本體而來，從神而來的神，從光而來的光，從真神而來的真神，受生而不是被造，與父同體，萬物都藉着主而被造。[*]

這個宣言至今仍然是所有主要教派的基督徒用來

---

[*]　譯文引自徐懷啟：《古代基督教史》，華東師範大學出版社1988年版，第180頁。

表達和申明自己信仰的基本表述。在《新約全書》的任何地方都找不到「尼西亞信經」，它是後來人們想要界定作為信仰體系的基督教的產物，是建立教會作為一個統一性機構的方式。

對於許多並不贊同君士坦丁皇帝信仰的人來說，他對基督教的公開信仰一定是件令人不快的意外事件。事後回顧歷史 —— 肯定能看得更清楚 —— 他們可能感到後悔，因為之前許多羅馬人對基督教漠不關心。一些人無疑希望更多的基督徒被扔給獅子吃了。但是把基督徒當作罪犯一樣對待沒有觸及基督教的核心。因為這樣做忽略了基督教從根本上對於語言、經書和上帝之言的依賴，沒能阻止一個全是狂熱分子的教派的發展；該教派堅信自己的信仰，通過對殉教者的頌揚獲得了身份的認同，並贏得了追隨者的支持。許多殉教者是在羅馬城中最具象徵性的地點被殺。反思過去，放掉那些基督徒要好得多。把他們扔給獅子的確娛樂了大眾，但最終的結果卻適得其反。如果在公元後的前兩個世紀裏，羅馬官方真正想鎮壓基督教，一個有效得多的策略應該是放過基督徒個人，搜繳並燒毀他們的經書。

第六章
生與死

透過鑰匙孔

「米南德私宅」是龐貝城裏最漂亮的房子之一。它位於城南，大約在市政廣場和角鬥場的中間，佔據了大半個街區。其占地面積（1,700平方米左右）、華麗的裝飾、精心規劃的格局、昂貴的傢具，全都反映了主人的財富和品位。

在龐貝和赫庫拉內烏姆（兩者都位於今意大利南部的那不勒斯附近）發掘出的房屋保存之完好令人驚歎；它們為我們提供了深入理解富人生活的寶貴機會。公元79年8月末維蘇威火山爆發，厚厚的火山岩漿吞噬了城市，「米南德私宅」從此停留在了時間的節點上；羅馬歷史的一瞬間被永遠凍結了。

這座房子本來就是為了向世人炫耀才建的。通過一條街道，穿過一道宏偉的大門（4.15米高，兩側飾以壁柱），客人立即會對房屋的空間產生深刻的印象。前廳寬敞通風（有兩層樓高，地面面積為73平方米），天井的四周圍繞着海豚狀的陶製滴水嘴。下雨的時候，

雨水嘩嘩地噴射到天井下面的白色大理石池子裏，再流入一個地下蓄水池。

客人可以從前門一眼看到房子40米深的地方：穿過前廳，經過兩側以柱子作框架的內廳入口，便是一個有院牆的花園的後部，花園四周以柱廊圍繞。

這種遠景是精心設計而成的。視線的錯覺從表面上增加了房子的縱深：近前的兩根柱子(位於內廳入口)比裏面兩根柱子(屬北面柱廊)要高些，更深處的柱子(花園另一面的柱廊)相互間距離更近，同時部分被低矮的擋牆所遮蔽，因此看起來要矮些，比實際上顯得更遠。客人的目光被引進房內，通過亮堂和陰暗交替的區域(有上面天井照亮的前廳，有屋頂遮蓋的內廳，敞開的庭院，有屋頂遮蓋的柱廊)，再通過圍繞花園的低矮擋牆上描繪的茂盛的植物和野生動物，然後轉向高處的自然景色，上面緊接附近的山峰。

這些精巧而又別出心裁的視覺效果由同樣精心設計的裝飾佈局所加強。現存的大部分建築都是公元62年大地震後修復和改建的，重建工作進展緩慢(也許是由於缺乏熟練工人)。有充分的證據表明，二十年之後，直到火山大爆發的時候，現場還有建築工人在幹活。此時主要的房間已經按照最新的樣式進行翻新。前廳的牆壁粉刷一新，並飾以紅色畫板和黃色緣飾；這樣的主題移位到內廳，又變成了黃色畫板和紅色緣飾。在前廳的紅色畫板中央繪有精巧的戲劇面具，而

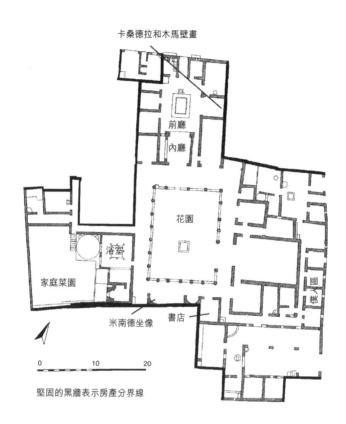

卡桑德拉和木馬壁畫

前廳

內廳

花園

浴室

家庭菜園

米南德坐像

書店

僕人區

0　　　10　　　20

堅固的黑牆表示房產分界線

圖16 「米南德私宅」的地基圖，龐貝

圖17 「米南德私宅」，從前廳往花園方向看到的一景，龐貝

黃色牆面上則描繪了飛鳥、水果和水禽的迷人圖像。在上方，一系列畫板表現的是優美風景和宏偉鄉間別墅的組合。

在前廳的東面有一個大凹室（3.45米寬，3.75米深），上面畫板之間（和內廳一樣，是黃色畫板和紅色緣飾）又各有彩繪的小壁龕，正面是一幅畫，像是「懸掛」在深紫色的「邊框」上，延續了巧妙的幻象。三種景象都表現了和特洛伊陷落相關的事件。埃涅阿斯逃難到達迦太基的時候，曾經向狄多及其隨從生動地講述過這些事件。在直接面對客人的後牆上，描繪的是一群歡呼雀躍的特洛伊人正將木馬拉進城裏。他們對事關自己命運之事欠缺考慮，毫不理會女祭司卡桑德拉的警告（她被粗暴地拖到一邊），準備通過城牆的缺口把木馬拖進城內。

這些壁畫本身已十分優美；昂貴的裝飾設計賞心悅目，但它們同時也考驗來訪客人的教育水準：他們能夠理解壁畫總體表現的是維吉爾的《埃涅阿斯紀》（具體說是第二卷）嗎？受過良好教育的客人能否察覺到藝術家在哪裏偏離了維吉爾的原文（可能是受人所托，刻意為之）呢？（在《埃涅阿斯紀》中，卡桑德拉是在特洛伊城內而非城外遭遇木馬的。）房子主人的文學偏好同樣表現在花園柱廊的後牆（南牆）上。這裏，三個大壁龕的中央描繪的是三位偉大劇作家理想化了的肖像。唯一能夠確切辨認的是一幅公元前四世紀後

期希臘著名喜劇作家米南德的坐像，今天這座房子就是以他的名字命名的。

對於那些能夠欣賞這些東西的人來說，花園、壁畫和柱廊表明了一種明確的思想立場。這裏擁有和一個富人家裏的文學沙龍相關的一切：一個用於私人研修的僻靜之處（恰如其份地飾以劇作家的畫像），一個用於閱讀和討論的柱廊，一個用於朗誦的大廳（有幾個大小合適的大廳建在柱廊旁），一個圖書館（也許是花園裏三個大壁龕的左邊一間，裏面粉刷成白色的壁龕洞表明書架是固定在三面牆上）。花園旁邊一個自成一體的小型浴池建築增添了一種文雅的奢華感。在這裏主人同樣強調了他自己和一個有更大特權的世界的聯繫。宏偉的鄉間別墅（就像前廳的牆上描繪的那種）有的設施在「米南德私宅」也能找到，只是規格要小些。以建築和裝飾語言表現出來的文學典故，也告訴我們在這裏款待的會是哪一類客人——有教養、富有、受過良好教育、擁有閒暇的人，或是房子的主人想要討好的人——通過向他們介紹這種環境，讓他們好像有種賓至如歸的感覺。

「米南德私宅」設計優雅；它對空間的巧妙運用能把客人吸引進來，博得他們的讚賞，然後考驗客人的社會地位和知識品位。房子的裝飾設計需要有專業背景的人才能作出解釋（毫無疑問，一些人是以審慎沉默的方式欣賞）。這種考驗可以仔細地分出層次來。光

線和木制隔牆可能讓客人看不到房子的某些部分，但這也增強了他們在獲准看到另一個漂亮房間時的愉悅感和優越感。牆上的裝置表明，凹室（包括其特洛伊景象）可以被遮住，內廳的入口也是如此。在內廳和柱廊之間有一些方形青銅軸銷托板和鉸鏈，它們用在一扇折疊木門上。從前廳到花園後牆中央壁龕的整個長廊景色並不總是向客人展示。在炎炎夏日，房子可能會全部開放，但也只是供更尊貴的客人參觀。

除了仔細設置的物障，還有一批奴隸和僕人巡視房子。客人首先會碰到看門人，他住在大門左側一間樸素的小房子裏。其他人也會上來詢問，或是阻止客人再進一步；在客人進入主人安排好的見面地點時，一個「報名人」會通報來客姓名。客人不會經過雜物堆放區。在「米南德私宅」裏，這些地方被明確分開了。在花園柱廊的一端，一條長長的走廊和臺階通向下人住處（它有單獨的邊門供人出入）。在另一端，另一條長長的曲折走廊通向廚房。主廚房裝備齊全：灶台由石砌的排煙罩保護；角落裏有個大水槽，水槽流出的水可以沖洗隔壁房間的廁所。在走廊裏，有九級臺階通到下面一塊低凹的菜園，圓形的菜地裏種着各種植物和蔬菜。人們一定會拿這些區域和房子的主要部分進行對比。廚房和下人住處被小心地遮掩起來（這裏沒有引人入勝的狹長通道），牆壁上的裝飾也只有粗糙的灰漿粉刷。和客廳華麗的裝飾相比，這些地

圖18 前廳旁凹室裏的卡桑德拉與特洛伊木馬壁畫，「米南德私宅」，龐貝

方如此設計，就是為了不讓人看見。

　　儘管主要的雜物堆放區安置在不起眼的地方，但這並不意味着所有家庭的活動都像維多利亞時代的豪宅那樣，被完全掩藏起來。在「米南德私宅」裏，柱廊也作燒烤（發現了烘烤設備的殘留物）或是儲藏之用。客人來訪之前，也不會匆忙把大壇大壇的酒和橄欖油搬走。重要的是要嚴格控制入口。從這一點來

説，「米南德私宅」的設計清楚地展示了它是以逐次升高的規格來對待不同的訪客。一些客人可能從來不能越過前廳，甚至不能看一眼花園；另一些客人會受到熱烈歡迎，被引領進入房子，參加可能是在柱廊裏舉行的聚會；只有那些受到特別禮遇的客人才能單獨或是成對地住進較小、但裝飾精美的房間。令人遺憾的是，這座豪宅的主人的身份並不為我們所知，但他顯然十分富有，屬龐貝的精英階層。就像他富有的朋友一樣，他擁有的豪宅既符合、又強化了他的社會地位。

精英階層的住宅並不是設計成與世隔絕的私人場所，遠離外部世界的競爭。相反，在整個羅馬帝國的城市裏，它被設計成表演的舞臺，其擁有者能夠向一個有選擇的觀眾群體有所節制地公開展示自己，從而增加自己在競爭中獲勝的可能。毫無疑問，「米南德私宅」令許多來訪的客人印象深刻，至少在主宰了意大利南部這個比較重要的城市的狹窄社交圈裏是如此。然而，儘管有精巧的建築設計和豐富的文學意涵，它還是不怎麼會受到那些真正富有之人的羨慕，因為他們擁有豪華的鄉村別墅，而不僅僅是擁有描繪它們的壁畫。他們最多不過會對這種模仿真正奢華而有教養生活的做法報之以寬容的微笑；最糟的情況是，他們可能會認為「米南德私宅」是在附庸風雅，它企圖模仿一個上流社會，但顯而易見，僅憑其主人的經驗和財力是無法躋身其中的。

無法更改的事實

對許多現代遊覽者來說，漫步在龐貝和赫庫拉內烏姆的房子裏，或是若有所思地走在以弗所、阿弗羅狄西亞、大勒浦克斯城或是地中海世界任何一個保存良好的遺址的街道上，他們可能會想，他們至少和羅馬帝國的部分居民能夠形成一種親密的聯繫。像龐貝這樣的城市似乎展示了古代世界如此多的日常生活情況，(甚至更多)揭示出古代世界純粹平平常常和明顯令人親近的一面：從專門設計的庭院，到廚房水槽和菜園；從建築工人完成一項工程所花的時間，到主人想要用住宅的現代化以及時尚的高雅品位來給客人留下深刻印象的迫切心情。但正如思考「米南德私宅」所表明的，我們也不能過度發揮這種本是出自善意的移情心理。無論初看起來古代世界一些非常具有人性的活動和我們自己關注的問題是多麼相似，我們也應該把它們和當時人們的習慣、態度和期望放在一起看待，這些東西使得羅馬社會根本不同於21世紀初發達的工業化世界。

羅馬帝國為疾病和死亡所困擾。人們的平均壽命在20到30歲之間，大體只有現代西方社會平均壽命的三分之一。這樣的計算不是直接基於零散而且通常是貧乏的古代證據，而是基於一個合理的假設，即認為羅馬世界遵循着不發達國家的共同趨勢。20世紀早期

在印度和中國的研究闡明了這些**趨勢**。至少這些**趨勢**有助於確定參數。平均壽命低於20歲會引起人口的迅速減少。另一方面，平均壽命高於30歲會使羅馬帝國在人口方面比起任何具有相似環境、社會和經濟條件的前現代社會都要成功。

統計模型能夠作為理解人口問題的有益嚮導。它的優勢在於能夠建立一個分析可能的年齡結構、人口出生率和死亡率的清晰框架。這類普遍化抽象模型的缺點是，它只能反映可能的情況。根據定義，統計模型抹去了個人經歷的差別和不同時間、不同地區以及不同社會群體之間不可避免的數據波動。一些特定的調查研究清楚地揭示了上述差異和波動，例如對羅馬墓地裏骨骼證據的分析（不過成年人的骨骼可能比兒童的骨骼保存得更好），或是對墓誌銘上記錄的年齡的統計（不過在一些情況下可以表明，這類記錄受到了歪曲，它只是更準確地反映了有選擇性紀念的文化取向，而不是實際死亡率的樣本）。

最普遍運用於羅馬帝國的「壽命模型表」通常被稱為「西方模式第三級」，它假定有一個靜止的人口數（即零增長率和恆定的年齡結構），並且在不同時期是穩定的人群（即沒有移民和瘟疫的影響）。圖19中左邊兩列數據跟蹤記錄一個假設的10萬人群體的情況，從出生到85歲，每隔五年統計一次。第三列是在同樣

年齡	10萬人群體	剩餘壽命	年齡群百分比
0	100,000	25.0	3.21
1	69,444	34.9	9.53
5	54,456	40.1	10.53
10	51,156	37.5	10.00
15	48,732	34.2	9.46
20	45,734	31.3	8.81
25	42,231	28.7	8.10
30	38,614	26.1	7.36
35	34,886	23.7	6.62
40	31,208	21.1	5.91
45	27,705	18.4	5.22
50	24,389	15.6	4.52
55	20,661	13.0	3.75
60	16,712	10.4	2.91
65	12,175	8.4	2.03
70	7,934	6.4	1.23
75	4,194	4.9	0.58
80	1,644	3.6	0.19
85	436	2.5	0.04

圖19　壽命模型表，西方第三級，女性

的五年間隔時剩下的平均壽命，第四列是每個年齡段的人口百分比。

這些模型所揭示的情況令人吃驚。在這個模型裏，只有一半的嬰兒活到5歲，剛出生後的幾個月裏死亡率最高，約三分之一的新生兒活不到一歲。那些活到五歲的人通常很有可能再活40年。這樣的高死亡率使得人口年輕化。「西方模式第三級」的平均女性年齡是27.3歲，男性是26.2歲，換言之，剛好40%以上的人口在20歲以下，只有4%的人口在65歲和65歲以上。同樣，不會有人說這些數字是精確的，我們應把它們看成是各種可能性中的一種。即使如此，在一個壽命模型表的限度內，這些數字對我們認識不同年齡人群的比例關係還是很有價值。大致說來，羅馬社會的年輕人和老年人的比例一般是10比1。與此形成鮮明對比，現代西方社會中這個比例小於3比1。

這個羅馬世界的人口模型和保存得最完好的史料可能吻合。這些史料的數據跨越公元一到三世紀，來自於羅馬統治下埃及地方當局歸檔的三百多份統計申報表，這些申報表是該行省定期人口調查的一部分。在這些紙草碎片上保存了近1,100名登記人員的詳細情況。申報表顯示，人口的平均壽命在22至25歲之間，大約三分之一的人口在15歲以下。這些數據處於羅馬帝國20到30歲這個平均壽命範圍的下限，也許也反映了在法尤姆(位於尼羅河三角洲以南)這個肥沃而易於

滋生疾病的地區人口密度較大，而三分之二的人口調查數據恰好來自於這一地區。有理由假定，地中海地區不同的生態條件(貧瘠的土地、沼澤、山地、平原)對其特定人口的壽命會有影響。然而，即使考慮到環境的變化，富人也不一定會比貧苦農民的壽命長很多。在帝國時期，羅馬的元老院議員人數穩定在600名左右，這個數字由於每年會有20名前任財務官(之前擔任過最低級別政府官員的人)進入元老院而得以維持，他們的平均年齡在25歲左右。老議員辭世和新議員補入緊密相連。這個模式意味着，前任財務官通常能夠活到55歲左右。更明白一點講，意味着他們的平均壽命在20到30歲這個普遍平均壽命的上限。羅馬社會最有特權的成員有機會優先享用各種上等資源，但這一優勢很可能被長時間待在像軍營和擁擠的市中心這樣易感染疾病的環境所抵消。對於自然死亡的30位皇帝(從公元一到七世紀)的年齡分析表明，其平均壽命為26.3歲。儘管擁有如此的財富和權力，即使他們成功避免了暗殺，還是無法期望比他們的臣民長壽得多。

這些統計數據給了我們一個關於羅馬帝國人口的總體印象。特別是，它們突出了死亡的不斷發生，尤其是在嬰兒和年輕人中。疾病永遠存在。可能導致死亡的主要原因從前工業化的歐洲起就為人所熟知：痢疾與腹瀉；諸如霍亂、傷寒和瘧疾之類的發熱病；諸如肺炎和肺結核之類的肺病。高死亡率也反映了普遍

的營養不良，衛生水準低，城市人口非常密集容易導致傳染病迅速流行，以及在一個龐大、缺乏管理的帝國，中央政府不可能嚴格執行隔離措施。公元165年，一支遠征波斯的軍隊回來之後，將天花永久地帶進了地中海世界。這個傳染病傳播了25年，有可能奪去了多達600萬人的生命，這大約是帝國人口的十分之一。

高死亡率給羅馬帝國婦女的生育能力增添了很大負擔。不言而喻的是，為了維持穩定的人口數量，平均每個到了月經初潮(即生理上能夠懷孕的年齡)的婦女至少必須生下一個也能活到月經初潮年齡的女兒。在一個嬰兒死亡率很高的社會裏，滿足不容變更的人口需求所需要的活嬰數量急劇上升。平均必須有2.5個女嬰存活才能維持穩定的人口，或者說，每個婦女至少必須生五個孩子。

埃及的人口調查數據表明了當地人口應對這種嚴峻的生育壓力所採取的一系列方式。總體而言，婦女傾向於早婚，平均結婚年齡剛好在20歲以下，這似乎是普遍的做法。帝國西部行省的墓葬銘文(從一個合理的假設來分析，即未婚婦女更可能由父母刻碑紀念，而已婚婦女則更可能由丈夫刻碑紀念)表明，婦女初婚的年齡在20歲上下。結婚的人盡可能的多，這也是分攤生育壓力的一種方式。在埃及，60%的婦女在20歲之前結婚，其餘則在30歲之前結婚。很少有人不結婚，羅馬帝國的老處女非常少。

埃及的數據也表明，在生育力和生殖力(即出生率和婦女生養孩子的生理能力)之間存在着密切關係。在20至35歲之間生育力大體保持穩定，在45歲之後則急劇下降。和現代西方社會的通常做法有着明顯不同，沒有證據表明，在生育了特定數量的孩子或者這些孩子活過了嬰兒期後，婦女會有意停止生育。只要可能，已婚婦女不停懷孕。一些婦女在這方面非常成功。埃及人口調查的申報表證明，一些夫婦生育了多達8個孩子，但絕大多數夫婦不超過3個。不過，這些申報表並不記錄每個家庭死嬰的數量。而且，在一個穩定的人口中，五分之一的婚姻沒有生育，另有五分之一隻會生育一個或幾個女兒。在這些冷冰冰的數據背後，我們看到的是父母顯而易見的痛苦，他們拼命地想要確保傳宗接代。在公元二世紀中期，元老院議員、著名的演說家馬可·科爾內留斯·弗龍托的五個孩子都不幸夭折。弗龍托懷着極度的痛苦給他以前的學生馬可·奧勒利烏斯皇帝寫了一封信，在信中感人地表達了他對子女無法存活的悲哀：

> 我在最為悲慘的情況下失去了五個孩子，因為我一個接一個失去了所有五個孩子，每次失去的都是我唯一的孩子。我接連受到這種喪子之痛的打擊，每次在失去孩子之後，才有另一個孩子降生。這樣，我總是失去自己的孩子，沒有一個留下來，給我以

慰藉。在我仍然處於悲傷之時，我才會有其他的孩子出生。

高死亡率的風險使得任何可靠和長期的計劃生育都不可能。那些埃及人口調查所記錄的大部分人都生活在大家庭中，家庭成員可能會產生重大和突然的變化。在其中一個家庭裏（根據公元187–188年的人口調查記錄），一對已婚夫婦和他們的女兒、丈夫前兩次婚姻中所生的已長大成人的一個兒子和一個女兒以及妻子和前夫所生的一個兒子和一個女兒生活在一起。家庭向橫向擴展，包括同輩中人和以前婚姻中所生的子女，但無論時間長短，祖孫三代居住在一起的情況極為少見。這樣的聚居情況反映了總體高死亡率的後果，這種後果對單個的家庭產生了多樣和不可預測的影響。單單平均數讀起來就已十分明顯：也許多達三分之一的兒童在青春期前就會失去父親；多達一半的孩子在25歲之前會失去父親；平均一半的10歲兒童才會有一個活着的祖父母或者外祖父母，不到1%的20歲青年會有一個祖父母活着。

總體看來，這樣的死亡率、婚姻、生育和大家庭模式體現了一種和工業化社會完全不同的經驗，後者有着高得多的壽命、低得多的出生率以及緊迫的贍養老齡化人口的社會和經濟義務。這些對比相當重要：環顧羅馬帝國，現代人會立即產生深刻的印象，即它

的老年人口相對缺乏，年輕人很多，孤兒很多，嬰兒死亡率高，最後這一點尤為讓人痛心。可以合理地認為，在這個社會裏，大部分人（如果他們活過童年期的話）會活到45歲左右。這樣的預期壽命帶給人一種非常不同的對時光流逝和個人人生軌跡（畢竟，具有抱負的精英在25歲就進入了元老院）的認識，對於一生中能夠取得甚麼樣的成就、獲得甚麼樣的經歷也會有着非常不同的想法。在公元二世紀70年代，馬可·奧勒利烏斯皇帝在其日誌（後世稱為《沉思錄》）裏思考了人類存在的單調重複。在他憂鬱的思考裏，40歲的一生足以體會永恆的枯燥：

> 回顧過去以及現在的一切變化；也有可能預見將來，因為它完全會是一樣的，不可能和現在的生活方式有甚麼不同。因此，思考一個人40歲的一生等同於思考一萬年。你還會看到其他甚麼呢？

遠離塵囂

可以理解的是，現代人關於羅馬帝國的大部分想像都集中於精英階層。想像我們和王公貴族一起漫步，在富人豪宅裏向權貴建言獻策，和行家一道欣賞維吉爾、塔西佗或是普魯塔克原本為他們創作的作品，這會讓人覺得很榮幸。這麼想並不是甚麼讓人覺

得可恥的事。實際上，這是大部分羅馬人羨慕的經歷。在地中海世界大約6,000萬人口中，富人的人數也許不到20萬。

當然，也有其他激發熱情的事情。有關羅馬軍隊的大量考古遺址——其武器、盔甲，尤其是仍然聳立在英國北部哈德良長城沿線和德國萊茵河邊境沿線的堡壘——激發了一些人去再現羅馬軍團的日常活動。這在當時也是少數人從事的活動。在公元二世紀後期馬可·奧勒利烏斯統治時期，羅馬軍隊的總人數可能是50萬人，還不到帝國人口的百分之一。宏大的羅馬城廢墟為我們提供了更為廣闊的視野。如同在龐貝那樣，我們可能對帝國至少約15%的人口的生活狀況有所認識。

羅馬帝國的居民大都靠土地為生。土地不僅是古代世界主要的生存來源，也是財富的首要標誌。土地主要集中在富人手中。一份屬公元二世紀初、從意大利南部不起眼的城市利古里斯·拜比阿尼流傳下來的記錄，列舉了向圖拉真皇帝支持的、用於資助部分公民子女的計劃提供資助的人。這份記錄表明，3.5%最富有的地主擁有21.3%的土地(其中一個地主就擁有11.2%的土地)。另一方面，14%最貧窮的土地所有者僅僅擁有登記在冊的土地的3.6%。很難確定這些田莊的大小。利古里斯·拜比阿尼的記錄僅僅給出了土地的資本價值，並沒有說明土地的大小。而且，只有財

產價值足以使所有者參與圖拉真計劃的人才被包括在內。最小的那些農莊完全沒有登記在冊，其面積可能只有不到2.5公頃那麼大。這是公元前二世紀初期分配給在被征服領土上定居的羅馬公民的最大塊土地。從公元一世紀開始，退伍老兵(在軍團服役滿25年後)被安置在帝國各地特意為他們建立的城市裏，每人分得至多五公頃的土地。這些殖民活動在行省的土地上留下它們的印記：在突尼斯鄉間的大片土地上仍然能夠看到規則的、呈棋盤狀分佈的古代農莊。

農業依賴於農民階層。只有在意大利、西西里、高盧南部和北非的部分地區，奴隸勞動才起了重要作用。大部分土地是由業主居住者及其家屬，或是由佃農、雇工耕種。這些不同類型的人群有相互重疊之處。一個小土地所有者在農忙季節可能會在附近莊園裏勞動，以增加收入。實際上，分配給退伍老兵的土地太少，他們無法實現自給自足，尤其是在耕地貧瘠的地區。由此看來，官方一定假定他們還能夠同時從事其他工作。無論是業主居住者還是佃農，農民所採取的耕作方法和方式不可避免地受氣候和地形等自然條件的限制，因而各不相同：從尼羅河河谷(帝國生產力最大的地區)的洪水氾濫和人工灌溉的交替循環，到意大利北部和法國南部的雨養農田(足夠肥沃，可以輪作而不用隔年休耕)；從北非高原大草地和前沙漠地區的「澆灌」農業(精心構築的運河和梯田網絡用來分配

儲存的春雨），到不列顛和萊茵河–多瑙河行省黏重而潮濕的土壤。

在地中海盆地，基本的農作物是穀物(主要是大麥和小麥)、旱地豆類作物(蠶豆、豌豆、鷹嘴豆、濱豆)、葡萄和橄欖。旱地豆類提供了穀物所缺乏的維生素B2和鈣，橄欖則是脂肪、油、照明和肥皂的主要來源。小土地所有者可能也會畜養豬(以提供肉食)、山羊(以提供奶酪)和一些綿羊(特別是為了提供糞肥)。牛群較少見。在優質耕地相對缺乏、半乾旱的地中海低地地區，發展大規模畜牧業完全不合算，而且還會給糧食和水資源施加很大壓力。因此也許並不令人吃驚的是，在許多古典作家看來，畜養牲畜主要是和遙遠的邊遠行省如不列顛以及生活在萊茵河–多瑙河一線以外的遊牧民族聯繫在一起的。在他們看來，飲食中包括大量的牛肉和奶製品完全是蠻夷的標誌。

通常，小農經濟力圖以最小的風險換取最大的產量。在地中海世界的許多地區，大量不同種類的莊稼分散在崎嶇不平的土地裏。莊稼種類的多樣性和土地的分散性降低了莊稼絕收的風險，而細心儲藏則有助於確保全年有足夠的糧食供應。個別遭遇不幸的農民可能還能夠依靠鄰居的幫助渡過難關，以前他們也許同樣幫助過這些鄰居脫離困境。不過儘管他們節儉、聰明和樂於互助，但饑餓的威脅還是時常存在。公元二世紀中期，古代最著名的醫生之一蓋倫 —— 他的作

品得以保存——生動地回顧了其家鄉帕加瑪(位於土耳其西部)附近農村糧食短缺所產生的後果。農民們先是宰殺家畜(他們無法繼續餵養),然後吃掉了儲存的用於冬季餵豬的橡果。蓋倫注意到,即使是在饑荒的情況下,也很少有人死於饑餓,大多數人都死於食用不健康的替代食物,如樹根、球莖以及煮熟的野草而導致的傳染病:

> 出現了大量發熱病……大便惡臭且疼痛難忍,接著是便秘或者痢疾;因為一些人的膀胱潰爛了,所以小便味道刺鼻或臭氣熏天……那些沒有這些毛病的人要麼明顯死於內臟器官的炎症,要麼死於嚴重而危險的高燒。

儘管經常面對嚴酷的環境條件和幾乎是普遍的營養不良,那些種田人表現出了令人吃驚的適應艱難困苦的能力。但他們的經濟十分脆弱,可能會由於不可預測的莊稼絕收、水旱災害、或是地主、債主、收稅人的無理要求而突然破產。一些農民經受住了這樣的危機,一些卻在死亡、疾病或債務面前無能為力,另一些從小農場主淪為佃農,或者從佃農淪為無地雇工。他們的兒子也許指望參加軍隊,希望在僥倖服役滿25年後能獲得自己的份地。許多退伍老兵被安置在他們服役的衛戍城市附近,通常遠離他們從小長大的

地方。在新的居住地，他們和大部分其他人一樣，繼續以種田為生。

羅馬帝國的小土地所有者是沉默中的大多數。他們很少樹碑立傳，很少刻寫墓誌銘作為紀念。他們居住的是簡陋的木結構農舍，其中絕大部分早已消亡得無影無蹤。他們很少出現在現存的文獻中，除了作為粗魯的鄉巴佬在優雅的城市生活面前不知所措，招人調笑一番外。然而，羅馬帝國的財富卻依賴於那些在農村勞動的人。他們那點可憐的剩餘產品被作為地租或者稅收征走，資助了和平時期駐紮在邊境地區的軍隊，促進了使帝國行政和文化協調一致的城市網絡的形成和發展。可以理解的是，羅馬帝國的歷史集中描述皇帝、戰爭、征服、富人和權貴及其了不起的城市文明成就。這些值得我們關注，並且也許值得我們欽佩。即使如此，有時候我們太容易忘記，這個地中海世界的超級大國的穩定和繁榮恰恰依靠的是汗流浹背的農民的勉強支撐。歷史並非僅僅關注碰巧留存下來的東西，也非僅僅關注引起歷史學家注意的東西。在面對如此輝煌的帝國成就時，對羅馬帝國的絕大部分居民沒有留下可作永久紀念的資料進行反思，對我們總是有所裨益的。

第七章
回顧羅馬

不列顛和平

1911年5月11日，弗朗西斯·哈弗菲爾德(牛津大學卡姆登古代史講座教授)就任新成立的「促進羅馬研究學會」的會長，並發表了就職演說。他發現有必要解釋一下建立這樣一個學會的理由，因為他注意到許多人認為成立這樣一個學會「就是為了平息少數專家的牢騷」。他還敏銳地意識到，在過去，這類學會通過它們的刊物，發表了「優秀作品」，但也可以公平地說「同時也刊印了大量的垃圾」；而且哈弗菲爾德還在想，「個人主義的英國」是否是推動一個「集體學習和研究」計劃的好地方。

對於各種各樣的反對意見，哈弗菲爾德作了有力的辯解。他堅持認為，羅馬歷史紛繁複雜，需要專家隊伍來對現存的資料進行適當的評價和鑒定。現在是應該限制熱情的業餘愛好者的影響的時候了：

我們這些英國人對學問抱有偏見，這一偏見有可能

帶來災難性的後果⋯⋯不僅僅是人們認為學問家是
社會的討厭鬼或者是怪人⋯⋯而且英國人對學問還
漠不關心,認為它毫無用處,相信即使沒有訓練和
知識,任何一個英國人也能夠去他喜愛的地方,取
得他想要的成就。

然而哈弗菲爾德並非想把古代史束縛在象牙塔
裏,僅由專家來護衛,這些專家可能會嘲笑任何讓其
學科變得通俗易懂的努力。成立「促進羅馬研究學
會」的真正理由是因為羅馬歷史和當代社會和政治密
切相關。對於哈弗菲爾德來說,盡可能全面而準確地
理解羅馬史並且交流這種理解的需要從來沒有像在20
世紀初那樣迫切:

在我看來,羅馬歷史對於當今的借鑒意義是所有歷
史中最為突出的⋯⋯它提供了發人深省的對比和
比較⋯⋯其帝國體制,包括它的不同之處和相似之
處,處處都能指引我們自己的帝國,例如在印度。

英帝國主義和羅馬帝國主義的比較研究在多大程
度上具有啟發性,是可以爭論的問題。英國和羅馬的
關係不容易說清楚。許多評論者急於指出,這兩個帝
國之間有天壤之別,比較毫無意義:大英帝國更為龐
大,而且散佈在全球各地;其通訊手段更為迅速和可

靠(從19世紀60年代中期開始,英國和印度之間使用電報聯繫);其武器裝備和作戰手段在技術上要先進得多;其工業、商業和製造業的能力也要強大得多。最急迫的是,任何比較還要面對這樣一個令人不安的事實,即無論英國後來的帝國多麼成功,它自己都曾是羅馬帝國的一個行省。征服者自己曾經也被征服過。

首先對羅馬入侵不列顛報之以愛國主義回應是把布狄卡變換成了包迪西亞,前者是公元60年起義失敗的伊克尼人的領袖之一,後者則是拒絕屈服於外族專制統治的強有力的民族主義象徵。一個被帝國戰敗的反叛者將被改造成另一個帝國的女英雄。這一對歷史重塑的高潮是托馬斯·桑尼克羅夫特於1871年完成的宏偉雕像,於1902年用青銅鑄造,矗立在倫敦的泰晤士河堤岸上。包迪西亞以一種誇張的反抗姿勢,站在一輛輪式鐮刀戰車*(沒有得到考古學的證實)的接合部,率領她的人民抗擊羅馬侵略者。

對於這件作品,女王的丈夫艾伯特表現出了濃厚的興趣。在桑尼克羅夫特還在雕塑這件作品的時候,艾伯特就參觀過他的工作室,並把他自己馬廠裏的馬匹借給他作模特。無論是贊助人還是藝術家都關心的是,應該盡量讓這位包迪西亞看起來有皇家風範,能強烈暗示她就是年輕的維多利亞女王。威廉·考珀激動人心的《包迪西亞頌》一詩最初發表於1782年,即

---

* 一種雙輪馬拉戰車,攻擊力更強。

圖20 托馬斯‧桑尼克羅夫特：「包迪西亞」青銅雕塑，倫敦的泰晤士河河堤

美國獨立戰爭即將結束的時候，它被刻在雕塑的底座上，作為雕塑的最後一道裝飾：

　　羅馬將會滅亡——寫下這句話

　　以她流出的鮮血；

　　無可救藥地和令人憎惡地滅亡，

　　深深埋進廢墟和罪惡。

然後從我們土地的森林裏

滋生出來的後代，

武裝着雷電，覆蓋着翅膀，

將要統治一個廣闊的世界。

你的後代將會支配，

愷撒聞所未聞的地區，

他的雄鷹從未飛過的地方，

沒有人像他們那樣戰無不勝。

對於統治一個日益擴張的帝國的民族來說，這種讚揚本土抵抗侵略的鼓舞人心的故事並非沒有歧義之處。1857年，英國在印度的統治被一系列通常稱為「印度反英暴動」的起義所削弱。手無寸鐵的平民慘遭殺害，這使人們突然對心安理得地認為大英帝國是一項合作事業的觀點產生了懷疑。在勒克瑙南面的坎普爾，印度反叛者讓男人、女人和孩子一排排地站在溝渠旁，然後殘酷地將他們殺害。兩年以後，即1859年，在桂冠詩人阿爾弗萊德·丁尼生勳爵筆下，包迪西亞的形象有所改變，這給人留下了深刻的印象。她被想像成嗜血的野蠻人，指揮她的軍隊進一步犯下暴行。在這裏沒有女英雄：這是不列顛反抗羅馬統治的叛亂。

撞開大門，燒毀宮殿，砸碎雕像，

抓住羅馬人白髮的頭顱把它砸碎，抓着這可惡的，

把充滿欲望而性感的羅馬少年剁成碎片，

割掉母親的乳房，把嬰孩的腦漿擊出，

上來吧，不列顛人，登上我的戰車，登上我的戰

馬，把他們踐踏在腳下。

　　無論是作為統治者合法平定叛亂還是作為被征服者合理抵抗侵略的故事，包迪西亞的神話不可避免地涉及到暴力、侵略和野蠻的場面。和這些相反，還有一種關於不列顛併入羅馬帝國的更為和平的說法。根據這種觀點，是羅馬帝國首先教化了不列顛。在1911年出版的《中小學英國史》中，拉迪亞德·吉卜林和C.R.L.弗萊徹用毫不妥協的語言闡明了這一點：

　　羅馬人在所有行省推行了一種法律體系，它是如此公正和強大，以至於現代歐洲幾乎所有最好的法律都以它為基礎制定。在所有地方，弱者都受到保護，以抵禦強者。……為羅馬神明建造了教堂以及富有羅馬紳士的鄉間別墅……這些紳士起初覺得他們是受到了流放，凍得發抖，並詛咒「令人憎恨的不列顛天氣」，用暖氣給房子供暖。他們渴望回到意大利。但是其中許多人留了下來……並對不列顛有了一種對自己親愛的祖國才有的感情，後來這種感情逐漸成為一種激情。

在吉卜林和弗萊徹看來，征服無疑是件好事。他們對羅馬人的唯一批評是他們沒有把文明的統治擴大到蘇格蘭和愛爾蘭的所有地區。

在許多方面，《中小學英國史》體現了普遍存在於維多利亞時代關於羅馬式不列顛的看法中的一個主題。1861年，威廉·貝爾·斯科特在諾森布里亞的沃林頓城堡完成了關於當地歷史的系列壁畫，一共8幅。其中第一幅表現的是公元二世紀初建造哈德良長城的情形。一名負責指揮的羅馬百夫長正向當地勞動者發號施令，他身旁立着一面軍旗。在他身後，一名軍團士兵擊退了滿懷敵對情緒的當地人試圖中止這一宏大帝國建築工程的反抗。

這組壁畫清楚地表明，這種改善當地情況的努力在後來仍在繼續：最後一幅壁畫《鐵和煤：19世紀》展現了近代泰恩塞德的工業成就，這是個同樣值得稱頌的景象。在壁畫上方的牆壁上，斯科特繪製了圓形物，描繪當地傑出人士：在這裏，蒸汽機車的先驅喬治·斯蒂芬森和羅馬皇帝哈德良站在一起，因為他們都熱情地推廣工程技術，致力於給英格蘭北部（和更廣大的帝國）帶來繁榮和文明。

毫無疑問，這是極具吸引力的思考帝國統治的方式。在1901年出版的一項研究《古羅馬帝國和在印度的大英帝國》中，牛津大學歷史學家、律師及著名自由黨政治家詹姆斯·布賴斯提出，兩個帝國的成功非

圖21 威廉・貝爾・斯科特的壁畫《建造羅馬長城》，沃林頓城堡，諾森
布里亞

常相似：兩者在「維持高水平的內部和平與秩序」方
面都十分出色；兩者令人驚歎的道路和鐵路建設都
表明，它們自己是「一個偉大的懂得工程技術的民
族」；兩者都在戰爭和統治方面取得了成功，體現了
相似的「勇猛和活力以及勇於面對困難的精神，足以
擊敗一切抵抗」。這種對於兩個帝國更為肯定的比較
的好處是，它似乎為英國在印度的統治找到了令人信

服的歷史依據，但也引發了更多令人不快的問題。
1905年，在英國皇家科學院所作的報告《羅馬不列顛的羅馬化》中，弗朗西斯‧哈弗菲爾德爭辯說，羅馬帝國之所以成功，一個原因是它迅速和有效地「將行省居民同化為一個秩序井然而凝聚在一起的文明」：

> 這就是帝國的成就⋯⋯尤其是，意大利明顯具有凝聚力的文明吸引了未開化但卻聰明的人，而羅馬的寬容並不強制任何人服從，這樣做使羅馬的文化更具魅力，因為它不是完全不可避免的。

這些問題也是克羅默侯爵伊夫林‧巴林於1910年1月在古典學學會發表的會長就職演說中的關鍵問題。古典學學會成立於1903年，聲明是為了推進「古典學研究的發展」及「讓公眾接受這類研究在全國教育計劃中應佔重要位置」的觀點。克羅默此前不久剛剛結束其在印度和埃及擔任殖民官員的光榮生涯，在其題為《古代和現代帝國主義》的演說中，他明確援引了自己在政府中的經驗：「因此，由於不能作為一名學者而向學者講話，我想也許可以允許我作為一名政治家和行政官員向學會講話。」對於克羅默來說，儘管這兩個帝國在許多地方可以進行比較(在此他基本上遵從了詹姆斯‧布賴斯的觀點)，但很清楚，「同化的問題」標示出了統治不列顛的羅馬人和統治印度的英國

人之間不可彌合的區別。「羅馬人相對的成功很容易解釋，他們的任務比起任何現代帝國來說都要容易得多。」

在克羅默看來，單單是印度的多樣性，它許多的語言、宗教和種族，就使它和羅馬人所面對的任何國家都不同。此外，人們明顯感覺到征服者和被征服者之間存在種族和膚色上的差別，這成為同化的一個重要障礙：

> 隔離的屏障賴以建立的基礎……如此堅實，如此強烈地吸引男男女女心底裏的本能和情感，以至於在未來的幾代人中，它可能仍會經受得住任何微不足道的、儘管是好意的、瓦解它的努力。

在這樣的情況下，唯一需要做的就是確保「穩固地維持英國的霸權地位」：

> 談論印度的自治……就好比主張統一的歐洲的自治，就好比我們假設在挪威人和希臘人之間、在頓河兩岸的居民和塔霍河*兩岸的居民之間存在相同的情感和利益。這種想法不僅荒謬，而且……不現實。

這樣的觀點並非沒有受到質疑。幾個月之後，在

---

* 源出於西班牙東北部，下游流入葡萄牙境內的一條河流。

1910年5月，古典學學會的牛津分部邀請克羅默勳爵參加一個特別會議，就他在演講中提出的問題進行辯論。哈弗菲爾德第一個講話，提出克羅默對於種族和膚色的強調並不合適。真正的困難在於英國在印度的統治面對的是發達的社會，「其思想、感情、傳統和文明早已凝固成了確定的形式」。在哈弗菲爾德看來（也許在此想到了他關於羅馬不列顛的著述），帝國力量同化其臣民的能力限定在「未開化或是鬆散的群體」。即使克羅默關於大英帝國在印度統治之未來的結論是正確的，其論述的基礎至少值得爭論。

另一位牛津古代史學家和考古學家D.G. 賀加斯提出了更大的反對意見。他認為，如果歷史有甚麼借鑒意義的話，那就是，羅馬帝國「以一個不同化的時期開始」，然後產生了「同化的願望」，然後再進入到了「積極同化」的第三個階段。問題主要不是種族和膚色，而是應該把大英帝國看成是「仍然處在帝國主義的第一階段」。只有在存在能夠證明「或多或少完全的社會一致性」的確鑿證據時，才會有「足夠的基礎比較這兩個帝國」。令人遺憾的是，古典學學會發表的會議記錄沒有提供相關信息，讓我們無從判斷聽眾或者克羅默對於這些爭論的反應，或是他們對賀加斯更具煽動性的結論的反應。賀加斯認為，顯然在一段時間後，英國會發展出一套先進的殖民地統治體系，它足夠成熟，能夠和羅馬帝國「顯著的成功」相提並論。

古羅馬精神

對於意大利法西斯頭目貝尼托・墨索里尼來說，羅馬帝國並沒有任何令人不安的歧義。墨索里尼在1922年3月做了一次報告，後來於4月21日發表在他自己的報紙《意大利人民報》上。在這個報告中墨索里尼闡述了他對古羅馬精神的嚮往：

> 古羅馬是我們的出發點，也是我們的參照系；它是我們的象徵，或者如果你們願意承認，它還是我們的神話。我們夢想建立一個古羅馬的意大利，它智慧而強壯，紀律嚴明而威震四方。不朽的古羅馬精神的許多內容在法西斯主義中得到了再生。

7個月之後，意大利國王維托里奧・伊馬紐埃三世邀請墨索里尼組建新政府。對於一個已經準備發動內戰的激進派領袖而言，這種獲取權力的方式並不特別戲劇化。在米蘭獲悉這一消息後，墨索里尼匆忙命令他的黑衫黨民兵向羅馬進軍。他本人則搭乘一列夜班火車，隨後趕到。在10月30日上午，他精神抖擻地到達了羅馬。

法西斯很快便創造了「向羅馬進軍」的解放神話。攝影師們做好了準備，以便拍攝黑衫黨到達時的情景。《意大利人民報》和他人串通起來，編造一場

英勇的鬥爭，一場武裝起義，創造了3,000名在推翻腐朽政權的高尚事業中犧牲的「法西斯英雄」。歷史看似重演了。這是第二個尤利烏斯·愷撒，他曾希望騎着高頭大馬，被支持者簇擁着進入羅馬。墨索里尼積極鼓勵製造這種相似性。在1932年3月23日到4月4日之間接受德國記者埃米爾·路德維希採訪時，他承認：「我喜歡愷撒，他是歷史上最偉大的人物。」次年在《意大利人民報》發表的文章中，他宣稱：

> 這個時代，這個時代也可以被稱之為愷撒式的，為特別傑出的人物所主宰，他們為了人民的利益掌握了國家權力……就如愷撒向羅馬的元老寡頭集團進軍一樣。

墨索里尼把愷撒在公元前44年3月15日的遇刺看成是「人類的災難」。在他修訂的羅馬史(在意大利中小學裏講授)裏，布魯圖斯和卡修斯被塑造成少數壓迫人民的反動派的代理人，他們試圖鎮壓人民自由的真正擁護者。只是到了羅馬的第一個皇帝屋大維/奧古斯都獲勝，愷撒的事業才得以重建。這就是墨索里尼想要復興的帝國式羅馬。1935年10月向埃塞俄比亞宣戰，被說成是重建羅馬帝國的一個步驟。在墨索里尼看來，這不啻於「第四次布匿戰爭」，一個意大利企圖控制地中海的聲明。他堅持用羅馬帝國式的語言說

地中海就是「我們的大海」。1936年5月初，埃塞俄比亞首都亞的斯亞貝巴被意大利軍隊佔領。這被看成是宣告勝利的充分理由，但民眾沒有被告知，其實埃塞俄比亞的大部分都沒有被征服，而且意大利軍隊使用了毒氣，墨索里尼還授權以「系統的恐怖主義和滅絕政策」來終結任何進一步的抵抗。5月9日上午10點30分，在羅馬市中心的官邸威尼斯宮殿的陽臺上，墨索里尼向歡呼雀躍的人群發表講話：

> 意大利終於擁有了自己的帝國……為了埃塞俄比亞所有人民的文明與人性的帝國。這追隨的是古羅馬的傳統，它在征服那些人之後，將他們和它自己的命運連在了一起……軍團士兵們，滿懷希望，高舉你們的軍旗，高舉你們的寶劍，在15個世紀之後，熱烈歡呼帝國重新出現在羅馬命中註定的山丘上吧。

對於墨索里尼而言，古羅馬精神復蘇的中心是羅馬城本身。在接受埃米爾·路德維希採訪時，他誇張地宣稱：「在我看來，建築是最偉大的藝術，因為它是所有其他事物的象徵。」當路德維希提出這實際上是一種非常古羅馬式的情感時，他說：「我也一樣，首先是個古羅馬人。」墨索里尼迫切希望，應該在一種露天的博物館裏展示古羅馬帝國的偉大。1931年，他指示一個委員會進行總體規劃，並令其不要迴避大

規模拆除老舊建築、重新安置老城區居民的建議。應該把積累起來的「許多個世紀的頹廢」一掃而盡，無論是中世紀房屋還是巴羅克教堂都不應該妨礙展現「一個更偉大的古羅馬」。

羅馬城今天的面貌在很大程度上是源出於墨索里尼的規劃。令旅遊者賞心悅目的古代建築之所以如此突出地聳立在那裏，恰恰是因為周圍「污穢的景象」(用墨索里尼的話說)被徹底地摧毀了：

> 我的想法很清楚，我的指令非常明確……羅馬要讓世界上所有的民族稱奇：幅員遼闊、組織良好、國力強盛，就像在奧古斯都統治下的第一帝國時期那樣……我們歷史中千年以前的建築應該像巨人一樣孤然聳立。

羅馬城裏的帝國大道——現在較為委婉的名字是帝國廣場大道——從威尼斯宮殿筆直延伸出去，完全是法西斯分子建造的。它是在城市中世紀的建築區裏開闢出的一條道路，以便從墨索里尼的總部能夠清楚地看到大競技場。尤其是，它提供了舉行閱兵式所必需的巨大空間。

羅馬不僅在地面上得以重建，還舉辦了紀念奧古斯都誕辰2,000周年的盛大展覽，以慶祝羅馬帝國更偉大的榮耀。1937年9月23日，「奧古斯都古羅馬精神

展」在羅馬開幕，它包括3,000件羅馬帝國各地的紀念碑和建築模型，其中最引人注目的是公元4世紀初的羅馬城模型，以1:250的比例建成，面積達80平方米。從未有如此多的羅馬帝國建築集中在一起，展覽試圖向參觀者重現一個復原的帝國的完整景象。它引人注目的廢墟——至少以微縮的形式——現在又被復原了。

在參觀過「奧古斯都古羅馬精神展」的100萬名觀眾中，阿道夫‧希特勒是最受觸動的一個。1938年5月3日至9日，希特勒訪問了羅馬。他於夜晚到達，乘車穿過特意照耀得燈火通明的市中心。之後兩天裏，希特勒兩次參觀了展覽(第二次是特意要求參觀的)，並巡視了許多新近發掘出來的古代城市建築。墨索里尼在羅馬大興土木，這促使希特勒下定了重建柏林的決心。13年前，在其自傳性宣言《我的奮鬥》中，希特勒曾經抱怨說，德國的首都缺乏宏偉壯觀感，它最重要的建築只不過是「一些猶太人的百貨商店和一些企業的總部」。希特勒要求取而代之的是能夠「經受時間考驗」的公共建築，就像羅馬大競技場「經受住了過去所有的動盪」那樣。柏林應該比羅馬(「世界上我們唯一的對手」)更「激動人心」。

這種憧憬建設新柏林(希特勒重新命名為日耳曼尼亞城)的結果可以在納粹首席建築師艾伯特‧斯皮爾設計的模型中看出來。從其規模、不朽性和對於創造巨大的儀式空間的關注等方面來看，斯皮爾的規劃似乎

圖22 艾伯特・斯皮爾的日耳曼尼亞(即新柏林)的縮尺模型,南北中軸
線,前方為人民大禮堂

是決心要勝過墨索里尼的羅馬。同樣引人注目的是，儘管其穹頂、凱旋門和柱廊經常仿照羅馬的建築形式，但就單個建築而言，這個新柏林也力圖勝過帝國時期的羅馬——這個如此煞費苦心地在「奧古斯都古羅馬精神展」的白色石膏模型中按照本來的榮耀重建起來的羅馬。

這是最令人望而生畏和最具壓迫性的說教式建築。柏林對於希特勒就像羅馬對於墨索里尼一樣，城市規劃不僅具體表達了他們對於羅馬帝國的借鑒，更重要的是，它還是一個公開的宣言，宣告他們是古羅馬精神的繼承者和復興者，《我的奮鬥》這樣清楚明白地勸誡讀者：

> 尤其是在歷史教育中，我們不應被嚇倒而不研究古代史。如果從宏觀輪廓上正確地理解羅馬史，它會是最好的老師，不僅對於今天，而且可能對於所有時代都是如此。

銀幕上的羅馬帝國

羅馬將軍克拉蘇（勞倫斯·奧利維爾飾）未能誘姦他的奴隸安東尼努斯（托尼·柯蒂斯飾），因而將視線轉向軍隊，它正從羅馬出發，前去鎮壓斯巴達克思（柯克·道格拉斯飾）領導的奴隸起義：

小子，那兒就是羅馬，那兒就是羅馬的力量、威嚴和恐怖。那兒是如同巨人般控制已知世界的力量。沒有人能夠抗拒羅馬，沒有民族能夠抗拒它。……安東尼努斯，只有一個方式對待羅馬：你必須侍奉她，在她面前必須表現得謙卑；你必須匍匐在她的腳下，必須愛她。

好萊塢在20世紀50年代向觀眾展現的羅馬帝國清楚地突出了它想要傳達的所有重要信息。英帝國統治印度之功過的爭論中表現出來的疑慮和爭執，大體上沒有妨礙好萊塢對羅馬帝國的描繪。它試圖堅決抵制（已被打敗的）希特勒和墨索里尼提倡的法西斯主義對羅馬的美化。相反，好萊塢描繪了一個專制國家，它沉湎於奢華，殘忍而堅決地壓制自由。

在好萊塢看來，羅馬的統治者是精神錯亂者。在《暴君焚城錄》（1951年上演）中，尼祿皇帝（彼得·尤斯蒂諾夫飾）是一個大獨裁者的混合體。在某種程度上，尼祿就是希特勒，他極其殘忍地想要消滅基督徒。尼祿的大屠殺將會把他們從歷史的表面抹去：「當我消滅掉這些基督徒後……歷史將不能肯定他們是否真正存在過。」在某種程度上，尼祿也是墨索里尼。他處於一個專制君主充當妄自尊大的城市規劃者的悠久傳統中，着迷於創造一個新羅馬。尼祿皇帝向吃驚的廷臣展示的宏大城市模型是電影製片人向意大

利政府借用的。這個模型最初是為了墨索里尼宏大的「奧古斯都古羅馬精神展」而製作的。如同《暴君焚城錄》開頭的匿名旁白吟誦的那樣：

> 伴隨這種權力而來的是腐敗……沒有人能夠肯定自己一生會怎麼樣。個人任憑國家擺佈。謀殺取代了正義……無法逃避鞭子和利劍。

這些形象提供了好萊塢表現帝國時期的羅馬的基本電影語言。《角鬥士》（2000年上演）的導演里德利·斯科特證實說，電影中慶祝康茂德皇帝勝利的場景有意想要讓人回想起勒尼·里芬施塔爾的《意志的勝利》（1935年上演）。把康茂德皇帝在羅馬展示權力和希特勒親臨紐倫堡納粹集會相比是明白無誤的。兩個場景的開始都是巨大建築和歡呼人群的鳥瞰場面，兩個場景都包括從中心人物角度拍攝的場面，攝像機的角度使康茂德和希特勒看起來比本人高大得多。電影還明確引用了希特勒行進中的一個時刻。他在前行時，一個小女孩向他獻花。而康茂德走在元老院前的臺階上時，孩子們也向他獻上了花束。在里德利·斯科特描繪的羅馬城裏，元老院面對着羅馬大競技場，中間隔着一個站滿士兵的巨大廣場。這種統治性建築的宏大構想在很大程度上借鑒了希特勒的新柏林規劃。公元二世紀的羅馬街道狹窄，市政廣場上滿是建

圖23 尼祿（彼得・尤斯蒂諾夫飾）向廷臣展示他對新羅馬城的規劃，《暴君焚城錄》（1951年）劇照。

築，從來不是電影中的樣子。只有到了1932年，當墨索里尼修建了用於檢閱、穿過市中心的帝國大道時，羅馬才與此有些類似。

　　帝國的龐大計劃有着致命的缺陷，這種強烈的感覺主宰了好萊塢對羅馬的描繪。也有可能提出其他的可能性，但這些可能性從未得到實現。在《羅馬帝國淪亡錄》（1964年上演）中，馬可・奧勒利烏斯皇帝允諾維護一個多元文化的世界：「無論你們居住在何處，無論你們的膚色如何，在取得和平之後，你們所有人，所有人都會獲得羅馬公民權的最高權利……在

這個家庭中各民族都平等。」無論聽起來是多麼激動人心，這種構想沒有變成真正的政治綱領是肯定的。

對於好萊塢而言，羅馬帝國是不可挽回的。在《角鬥士》中，臨死的馬可‧奧勒利烏斯皇帝再次試圖避免不可逃避的命運。他拒絕將皇位傳給自己的兒子康茂德(華金‧菲尼克斯飾)，卻指示馬克西姆斯將軍(拉塞爾‧克羅飾)恢復共和國，挽救「一個只能低聲說出的脆弱的夢想」。在羅馬，勇於直言的元老格拉古直截了當地指出：「元老院即人民……從人民中選出，表達人民的心聲。」(格拉古的宣稱直接重複了美國共和主義的傳統語言，我們應該理解它想要傳達的想法，而不是簡單地斥之為明顯而嚴重的歷史錯誤。)

然而《角鬥士》並沒有能應對政治挑戰。馬克西姆斯並非聰明的廷臣，亦非忠誠的革命者。他特別渴望回到自己在西班牙的農莊。康茂德瞭解到馬可‧奧勒利烏斯的計劃後，殺死了自己的父親，自己稱帝。馬克西姆斯差點被處死，但卻無法挽救自己的家人，康茂德殘忍地下令殺死了他們。馬克西姆斯受傷而逃，為了給妻子和兒子報仇，當了角鬥士。一個政治上被離間的孤獨者尋求正義的復仇，對其正確性的認可是《角鬥士》明確頌揚的家庭價值之崇高性的一部分。康茂德不適於統治，他和皇帝父親之間存在障礙的關係解釋了這一點。他抱怨說，在他小時候，父親從未像樣地抱過他。康茂德的姐姐盧奇拉採取一切行

圖24 重建的羅馬,從元老院看到的一幕,《角鬥士》劇照(2000年)

動保護自己的兒子，即使這意味着出賣他人。馬克西姆斯的替代「家庭」，即角鬥士同伴，之所以在競技場上成功，恰恰是因為他們形成了忠誠的兄弟關係。在最後決鬥的高潮中，康茂德和馬克西姆斯雙雙死於羅馬大競技場，實現了主人公復仇的要求，並且在最後夢幻般的場景中，讓他得以和妻兒在陰間團聚。

這些已是陳腐的主題了。在《羅馬帝國淪亡錄》中，主人公李維·梅特魯斯(斯蒂芬·博伊德飾)在與康茂德的決鬥中活了下來，人們擁戴他做皇帝。在人們「好啊，愷撒！」＊的歡呼聲中，他厭惡地走開了。未來不在皇宮受到玷污的公共空間中，而在於陪伴深愛的妻子，生活在他們自己私人的內省世界裏。在《暴君焚城錄》中，主人公馬可·維奇紐斯(羅伯特·泰勒飾)推翻了尼祿，他眼看着下一個皇帝加爾巴的軍團開進了首都。馬可新近皈依了基督教，認識到教會和國家嚴格分離的重要性。他信奉的新宗教將不會是社會改革的催化劑。相反，這種宗教使他確信要從政治中引退。這裏基督教的價值首先是家庭價值。在電影的開始，我們看到馬可是個年輕的單身漢，剛從戰場上歸來，駕駛着戰車莽撞地穿過羅馬的街道。現在他帶着妻兒，謹慎地駕着一輛沉穩的家用馬車離開了羅馬。

儘管鼓吹農莊裏寧靜生活的好處，遠離都城裏污

＊　羅馬皇帝泛稱為愷撒。

穢不堪的反常狀態，這類古裝大片的一個持久的魅力仍然是，它從來沒有完全避免它所試圖批評的東西。這類電影稱頌的是它自己創造的史詩故事：為了拍攝《賓虛傳》（1959年上演），建造了一個完整的戰車競技場，使用了4萬噸進口的沙子；拍攝《暴君焚城錄》中尼祿的宴會時剩下的食物捐獻給了救濟機構，用於拯救饑餓兒童；在《角鬥士》中，宏偉的羅馬是以數碼技術重建的，羅馬大競技場中的人群裏，只有2,000名觀眾是臨時演員扮演的，其餘33,000人則是電腦合成的。這類電影特別突出的特徵是其奢華宏大的寬銀幕場面。這種重建的銀幕上的羅馬以它巨大的花費和引人注目的複雜技術深深吸引了觀眾，而不是讓他們感到厭煩。

這種悖論也受到利用，也許並不令人吃驚。《暴君焚城錄》鼓動觀眾譴責尼祿，但是電影製片公司也認識到，戰後崇尚消費主義的美國可能會對羅馬帝國的炫耀性消費感興趣。《暴君焚城錄》幫助推銷了雨衣、房地產、火災保險、牆紙、桌布、珠寶、拖鞋以及睡衣褲。萬星威服飾品牌和紐約人紡織品公司聯合推出了「暴君焚城錄」式平腳短褲：「色彩鮮豔的八種火辣款式……歡快的設計完全來源於這部關於偉大羅馬時代的非凡電影。」最終，過度專制的產物在商業大街的商店裏能被普通大眾買到。穿着「寬大式裁剪的人造纖維」的「暴君焚城錄」式平腳短褲，每個

美國丈夫現在都擁有「像尼祿那樣穿戴」的不可剝奪的權利。

關於羅馬帝國的各種現代版本 —— 儘管過多 —— 當然可供我們娛樂。《暴君焚城錄》、《羅馬帝國淪亡錄》或是《角鬥士》這類電影至多向我們傳遞了純粹宏大的凱旋式場面、富翁們的豪宅、角鬥士競技血腥的刺激、戰爭的恐怖、專制統治可怕的隨心所欲以及羅馬大都市般的恢弘壯觀這樣的信息。它們很少揭示羅馬人關於自己帝國使命（如同第一章中所討論的）的意識，或是揭示圍繞行使以及表達帝國權力而存在的困難與模糊性的認識（如同第二章中所討論的），抑或嘗試理解行省精英階層的微妙地位（如同第三章中所討論的）。它們通常把征服和抵抗完全想像成武裝對抗（很少考慮第四章中所探討的更為微妙的其他方式），把基督教表現為業已完全形成，而且經常公開表現出新教的面貌和信仰（第五章中所描述的疑慮和爭論被悄悄抹去了）。總體而言，電影裏表現的羅馬帝國令人吃驚地健康強壯。一群肌肉發達、經常酗酒的群眾演員掩蓋了一個為營養不良、高嬰兒死亡率、傳染病流行以及低平均壽命所困擾的社會。

在好萊塢電影對羅馬帝國的刻劃中，激烈的個人鬥爭是其核心。這包括讚美個人同慘絕人性的極權主義政權作鬥爭並取得勝利、成功贏得愛情（通常是異教男性得到基督教處女）以及尋求正義的復仇（通常是蒙

圖25　萬星威服飾的人造纖維平腳短褲廣告

　羅馬帝國

冤而不屈的異性戀主人公擊敗瘋狂墮落而且明顯變態的統治者)。毫無疑問，這些引人入勝的組合是以羅馬帝國為題材的電影長盛不衰的主要原因。對此應該予以讚賞，但同時應保持清醒。我們應該記住，為反叛喝彩、支持令人費解的宗教崇拜、顛覆帝國權力或者鼓勵個人自由，把這些作為文明社會的檢驗標準，對於古羅馬的觀眾不會有甚麼吸引力。

大體上，當代對於古代社會的重構——例如關於英國在印度推行帝國主義的爭論或者20世紀30年代紀念碑似的城市幻想——頂多可以這樣理解，它體現了當代社會所面臨的複雜性以及它所關注的問題，並以重構古代的方式對這些問題進行了評述。在這種情況下，對於古羅馬帝國的這類描述的「準確性」就是次要的了(無論它們宣稱是多麼真實)。《角鬥士》在商業上的成功及時提醒我們，我們對於古代世界的想像仍然是很現代的事情。這些想像充分揭示了我們自己優先考慮的事情和我們的問題，點明了我們的抱負和擔憂。就像維多利亞時代和法西斯主義描繪的羅馬一樣，21世紀描繪的羅馬更多地揭示了我們自身的狀況，而非古代的狀況。它把我們的夢想和擔憂裝扮在羅馬人穿的長袍裏。然而最終它只能提供一個不那麼具有啟發性、在某些方面來說不那麼有趣的羅馬帝國簡史。

公元二世紀晚期的羅馬世界

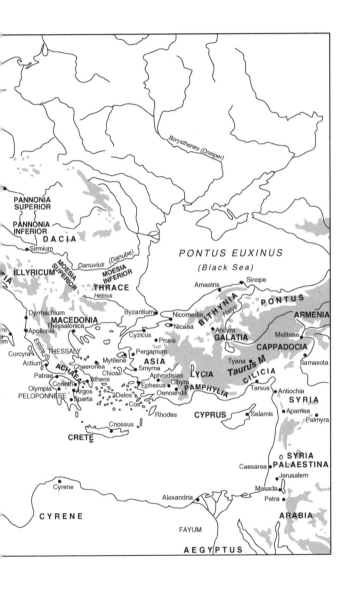

PANNONIA
SUPERIOR

PANNONIA
INFERIOR

DACIA

Sirmium

ILLYRICUM

MOESIA SUPERIOR

MOESIA INFERIOR

THRACE

Hebrus

Dyrrhachium

MACEDONIA

Thessalonica

Apollonia

EPIRUS

Corcyra

Actium

THESSALY

ACHAEA

Chaeronea

Patrae

Corinth

Chios

Athens

Olympia

Argos

PELOPONNESE

Sparta

Delos

Cos

Byzantium

Cyzicus

Prusa

Pergamum

Mytilene

ASIA

Smyrna

Aphrodisias

Ephesus

Cibyra

Oenoanda

Rhodes

Cnossus

CRETE

Danuvius (Danube)

Borysthenes (Dnieper)

PONTUS EUXINUS

(Black Sea)

Amastris

Sinope

Nicomedia

BITHYNIA

Halys

PONTUS

Nicaea

ARMENIA

Ancyra

GALATIA

Melitene

Tyana

CAPPADOCIA

Samosata

Taurus M

LYCIA

CILICIA

PAMPHYLIA

Tarsus

Antiochia

SYRIA

CYPRUS

Salamis

Apamea

Palmyra

SYRIA
PALAESTINA

Caesarea

Jerusalem

Masada

Petra

Cyrene

Alexandria

CYRENE

FAYUM

AEGYPTUS

ARABIA

大事年表

(公元前31年–公元192年)

公元前

31年	亞克興角戰役，屋大維擊敗安東尼和克婁巴特拉
30年	安東尼自殺
20年代	維吉爾創作《埃涅阿斯紀》
27年	屋大維採用「奧古斯都」這一稱號

公元前27年–公元14年奧古斯都在位

8年	阿諾巴爾・魯福斯出資興建的大勒浦克斯城市集竣工

公元後

1/2年	阿諾巴爾・魯福斯出資興建的大勒浦克斯城露天劇場竣工
14–37年	**提比略在位**
37–41年	**卡里古拉在位**
41–54年	**克勞狄在位**
42年	克勞狄入侵不列顛
54–68年	**尼祿在位**
54年	塞內加寫作《南瓜化》
55年	不列塔尼庫斯之死
約55年	阿弗羅狄西亞的柱廊雕塑完成
55/56年	塞內加寫作《論仁慈》
59年	阿格麗品娜之死
60年	布狄卡在不列顛領導起義
64年	羅馬城大火災
64–68年	羅馬黃金屋的建造
65年	塞內卡自殺
68–69年	**加爾巴在位**
69年	**奧托和維特利馬斯在位**
66–70年	猶太起義
70年	洗劫耶路撒冷

70年	狄奧·克里索斯托姆在普魯薩面臨糧食騷亂
71年	提圖斯和維斯帕西亞努斯在鎮壓猶太起義後舉行凱旋式
74年	馬薩達的「斯卡利」戰士自殺
69–79年	**維斯帕西亞努斯在位**
77–84年	克內烏斯·尤利烏斯·阿格里帕任不列顛總督
79–81年	**提圖斯在位**
79年	維蘇威火山毀滅龐貝和赫庫拉內烏姆城
80年	羅馬大競技場竣工
81/82年	羅馬的提圖斯凱旋門竣工
83年	卡爾伽庫斯在不列顛北部被擊敗
81–96年	圖密善在位
96–120年	普魯塔克寫作《對比傳記》
96–98年	**內爾瓦在位**
98–117年	**圖拉真在位**
100年	小普林尼發表《頌詞》演說
101年	利古里斯·拜比阿尼的地籍簿
101–102年	第一次達契亞戰爭
104年	卡約·維比烏斯·撒路塔里斯資助以弗所的遊行
105–106年	第二次達契亞戰爭
約110年	安條克的依納爵在羅馬殉教
110–112年	小普林尼任比提尼亞–本都省總督
113年	羅馬的圖拉真記功柱竣工
116/117年	盧奇烏斯·尤利烏斯·阿格里帕資助阿帕梅亞的浴池建築群
117–138年	**哈德良在位**
約120年	塔西佗完成《編年史》
124年	哈德良首次巡幸雅典
125年	卡約·尤利烏斯·德謨斯蒂尼資助俄伊諾安達市的節日
130年	在耶路撒冷城址上建埃利亞·卡皮托利那殖民地
131–132年	雅典的奧林匹亞神廟竣工；泛希臘聯盟成立
131–135年	巴爾·庫克巴起義
137年	雅典的泛希臘運動會和節日創立
138–161年	**安東尼努斯·庇護在位**
143/144年	埃留斯·阿里斯提德斯發表演說《致羅馬》
144年	馬西昂被逐出羅馬基督教會

推薦閱讀書目

Chapter 1: Conquest
Roman Republic
Michael Crawford, *The Roman Republic*, 2nd edn. (London, 1992)
Mary Beard and Michael Crawford, *Rome in the Late Republic: Problems and Interpretations*, 2nd edn. (London, 1999)
Keith Hopkins, *Death and Renewal* (Cambridge, 1983), ch. 2
Peter Brunt, *The Fall of the Roman Republic and Related Essays* (Oxford, 1988)

Augustus
Ronald Syme, *The Roman Revolution* (Oxford, 1939)
Paul Zanker, *The Power of Images in the Age of Augustus* (Michigan, 1988)
Kurt Raaflaub and Mark Toher (eds.), *Between Republic and Empire: Interpretations of Augustus and his Principate* (Berkeley, 1990)
Conquest
William Harris, *War and Imperialism in Republican Rome 327–70 BC* (Oxford, 1979)
Ramsey MacMullen, *Enemies of the Roman Order: Treason, Unrest, and Alienation in the Empire* (Harvard, 1966)
Richard Hingley and Christina Unwin, *Boudica: Iron Age Warrior Queen* (London, 2005)

Aeneid
Philip Hardie, *Virgil's Aeneid: Cosmos and Imperium* (Oxford, 1986)
Stephen Harrison (ed.), *Oxford Readings in Virgil's Aeneid* (Oxford, 1990)
For a good modern verse translation, Robert Fitzgerald (London, 1984)

Chapter 2: Imperial power
Imperial cult
Keith Hopkins, *Conquerors and Slaves* (Cambridge, 1978), ch. 5
Mary Beard, *John North, and Simon Price, Religions of Rome, Vol. I: A History* (Cambridge, 1998), chs 5–7
Simon Price, *Rituals and Power: The Roman Imperial Cult in Asia Minor* (Cambridge, 1984)
Ittai Gradel, *Emperor Worship and Roman Religion* (Oxford, 2002)

Seneca

Miriam Griffin, *Seneca: A Philosopher in Politics* (Oxford, 1976)

Pliny

Andrew Wallace-Hadrill, 'Civilis Princeps: Between Citizen and King', *Journal of Roman Studies*, 72 (1982): 32–48

Shadi Bartsch, *Actors in the Audience: Theatricality and Doublespeak from Nero to Hadrian* (Harvard, 1994), ch. 5

Suetonius

Andrew Wallace-Hadrill, *Suetonius: The Scholar and his Caesars* (London, 1983)

Nero

Jas' Elsner and Jamie Masters (eds.), *Reflections of Nero* (London, 1994)

Edward Champlin, *Nero* (Harvard, 2003)

Tacitus

John Henderson, *Fighting for Rome: Poets and Caesars, History and Civil War* (Cambridge, 1998), ch. 4

Ronald Mellor, *Tacitus* (London, 1993)

Chapter 3: Collusion
Empire and Provinces

Clifford Ando, *Imperial Ideology and Provincial Loyalty in the Roman Empire* (Berkeley, 2000)

J. E. Lendon, *Empire of Honour: The Art of Government in the Roman World* (Oxford, 1997)

Andrew Lintott, *Imperium Romanum: Politics and Administration* (London, 1993)

Stephen Mitchell, *Anatolia: Land, Men, and Gods in Asia Minor*, 2 vols (Oxford, 1993)

Greg Woolf, *Becoming Roman: The Origins of Provincial Civilization in Gaul* (Cambridge, 1998)

Martin Millett, *The Romanization of Britain: An Essay in Archaeological Interpretation* (Cambridge, 1990)

Greg Woolf, 'Monumental Writing and the Expansion of Roman Society in the Early Empire', *Journal of Roman Studies*, 86 (1996): 22–39

J. B. Ward-Perkins, *Roman Imperial Architecture*, 2nd edn. (Harmondsworth, 1981)

Pliny
A. N. Sherwin-White, *The Letters of Pliny: A Historical and Social Commentary* (Oxford, 1966)

Dio Chrysostom
Christopher Jones, *The Roman World of Dio Chrysostom* (Harvard, 1978)

Chapter 4: History wars
Hadrian
Anthony Birley, *Hadrian: The Restless Emperor* (London, 1997)
Mary Boatwright, *Hadrian and the Cities of the Roman Empire* (Princeton, 2000)

Greeks under the Roman empire
Glen Bowersock, *Greek Sophists in the Roman Empire* (Oxford, 1969)
Susan Alcock, *Graecia Capta: The Landscapes of Roman Greece* (Cambridge, 1993)
Tim Whitmarsh, *Greek Literature and the Roman Empire: The Politics of Imitation* (Oxford, 2001)
Simon Goldhill (ed.), *Being Greek under Rome: Cultural Identity, the Second Sophistic and the Development of Empire* (Cambridge, 2001)
Simon Swain, *Hellenism and Empire: Language, Classicism, and Power in the Greek World, AD 50–250* (Oxford, 1996)

Pausanias
Christian Habicht, *Pausanias' Guide to Ancient Greece* (Berkeley, 1985)
William Hutton, *Describing Greece: Landscape and Literature in the Periegesis of Pausanias* (Cambridge, 2005)

Plutarch
Tim Duff, *Plutarch's Lives: Exploring Virtue and Vice* (Oxford, 1999)
Christopher Jones, *Plutarch and Rome* (Oxford, 1971)
It is worth noting that the Penguin Classics translations of Plutarch's Lives break up the biographical pairs and omit the formal comparisons; the translation of Pausanias can likewise be misleading, as it has been reordered to suit the modern tourist.

Chapter 5: Christians to the lions
Gladiators
Keith Hopkins, *Death and Renewal* (Cambridge, 1983), ch. 1
Jeremy Toner, *Leisure and Ancient Rome* (Cambridge, 1995)

Thomas Wiedemann, *Emperors and Gladiators* (London, 1992)

Paul Plass, *The Game of Death in Ancient Rome: Arena Sport and Political Suicide* (Wisconsin, 1995)

Keith Hopkins and Mary Beard, *The Colosseum* (London, 2005)

Martyrdom

Glen Bowersock, *Martyrdom and Rome* (Cambridge, 1995)

Daniel Boyarin, *Dying for God: Martyrdom and the Making of Christianity and Judaism* (Stanford, 1999)

Early Christianity

Henry Chadwick, *The Church in Ancient Society: From Galilee to Gregory the Great* (Oxford, 2001)

Robin Lane Fox, *Pagans and Christians* (Harmondsworth, 1986)

Philip Rousseau, *The Early Christian Centuries* (London, 2002)

William Frend, *The Rise of Christianity* (London, 1984)

Chapter 6: Living and dying

Pompeii

Andrew Wallace-Hadrill, *Houses and Society in Pompeii and Herculaneum* (Princeton, 1994)

Wim Jongman, *The Economy and Society of Pompeii* (Amsterdam, 1988)

Paul Zanker, *Pompeii: Public and Private Life* (Harvard, 1998)

P. Veyne (ed.), *A History of Private Life, I: From Pagan Rome to Byzantium* (Harvard, 1987), ch. 1

Demography

Richard Saller, *Patriarchy, Property and Death in the Roman Family* (Cambridge, 1994)

Tim Parkin, *Old Age in the Roman World: A Cultural and Social History* (Johns Hopkins, 2003)

Roger Bagnall and Bruce Frier, *The Demography of Roman Egypt* (Cambridge, 1994)

Walter Scheidel, 'Roman Age Structure: Evidence and Models', *Journal of Roman Studies*, 91 (2001): 1–26

Agriculture

Brent Shaw, *Environment and Society in Roman North Africa* (Aldershot, 1995)

Peter Garnsey, *Famine and Food Supply in the Graeco-Roman World: Responses to Risk and Crisis* (Cambridge, 1988)

Peter Garnsey, *Cities, Peasants and Food in Classical Antiquity* (Cambridge, 1998)

Chapter 7: Rome revisited
Victorian Rome
Catharine Edwards (ed.), *Roman Presences: Receptions of Rome in European Culture, 1789–1945* (Cambridge, 1999)

Richard Hingley, *Roman Officers and English Gentlemen: The Imperial Origins of Roman Archaeology* (London, 2000)

Norman Vance, *The Victorians and Ancient Rome* (Oxford, 1997)

Sam Smiles, *The Image of Antiquity: Ancient Britain and the Romantic Imagination* (Yale, 1994)

Fascism
Alex Scobie, *Hitler's State Architecture: The Impact of Classical Antiquity* (Penn State, 1990)

Peter Bondanella, *The Eternal City: Roman Images in the Modern World* (North Carolina, 1987)

Hollywood
Sandra Joshel, Margaret Malamud, and Donald McGuire (eds.), *Imperial Projections: Ancient Rome in Modern Popular Culture* (Baltimore, 2001)

Maria Wyke, *Projecting the Past: Ancient Rome, Cinema and History* (London, 1997)

Martin Winkler (ed.), *Gladiator: Film and History* (Oxford, 2004)

Jon Solomon, *The Ancient World in the Cinema*, 2nd edn. (Yale, 2001)